本書の特色と使い方

教科書の内容を各児童の学習進度にあわせて使用できます

教科書の内容に沿って作成していますので，各学年で学習する単元や内容を身につけることができます。

学年や学校の学習進度に関係なく，各児童の学習進度にあわせてご使用ください。

基本的な内容をゆっくりていねいに学べます

算数が苦手な児童でも，無理なく，最後までやりとげられるよう，問題数を少なくしています。

また，児童が自分で問題を解いていくときの支援になるよう，問題を解くヒントや見本をのせています。

うすい文字は，なぞって練習してください。

問題数が多い場合は，1シートの半分ずつを使用するなど，各児童にあわせてご使用ください。

本書をコピー・印刷してくりかえし練習できます

学校の先生方は，学校でコピーや印刷をして使えます。

各児童にあわせて，必要な個所は，拡大コピーするなどしてご使用ください。

「解答例」を参考に指導することができます

本書p102～「解答例」を掲載しております。まず，指導される方が問題を解き，本書の解答例も参考に解答を作成してください。

児童の多様な解き方や考え方に沿って答え合わせをお願いいたします。

目　次

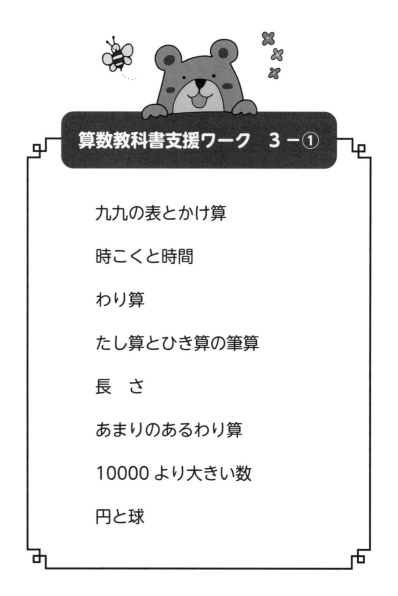

算数教科書支援ワーク　3−①

九九の表とかけ算

時こくと時間

わり算

たし算とひき算の筆算

長　さ

あまりのあるわり算

10000 より大きい数

円と球

1けたをかける
かけ算の筆算 (1)

2けた × 1けた
くり上がりなし

● 32 × 3 を
筆算でしましょう。

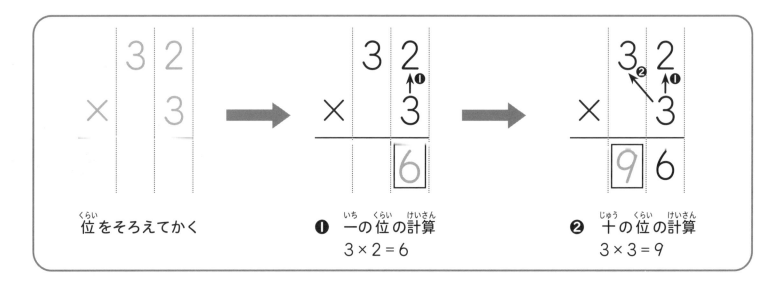

位をそろえてかく

❶ 一の位の計算
3 × 2 = 6

❷ 十の位の計算
3 × 3 = 9

同じように
筆算を
してみよう。

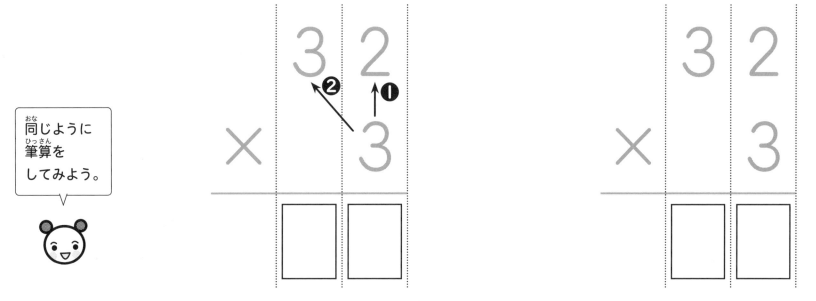

1けたをかける
かけ算の筆算 (2)

月	日	名 前

● 筆算でしましょう。

① 13 × 2

一の位から
じゅんに
計算しよう。

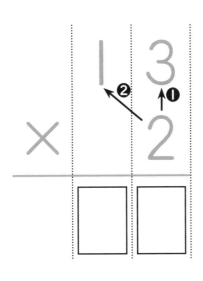

② 21 × 4

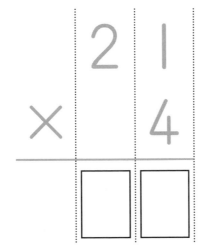

③ 34 × 2

④ 20 × 3

5

1けたをかける かけ算の筆算 (3)

2けた × 1けた
くり上がり1回

名　前

月　日

● 18 × 3 を筆算でしましょう。

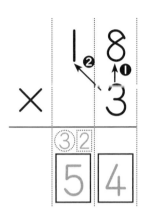

- ❶ 3 × 8 = 24
  十の位に
  2 くり上げる。
- ❷ 3 × 1 = ③
  ③ + 2 = 5

● 32 × 4 を筆算でしましょう。

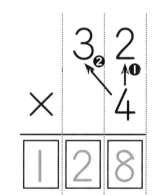

- ❶ 4 × 2 = 8
- ❷ 4 × 3 = 12
  百の位に
  1 くり上げる。

同じように
やってみよう。

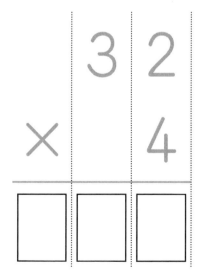

6

名　前

月　　日

● 筆算でしましょう。

① 26 × 3

くり上げた
数をたすのを
わすれないでね。

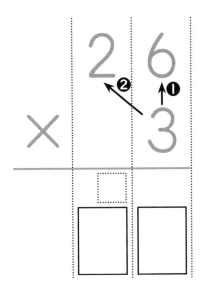

② 37 × 2

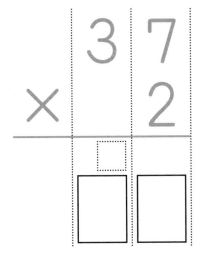

③ 41 × 7

④ 62 × 3

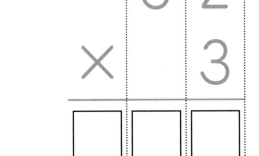

1けたをかける
かけ算の筆算（5）

名　前

月　日

● 56 × 3 を筆算でしましょう。

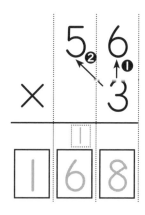

❶ 3 × 6 = 18
十の位に 1 くり上げる。

❷ 3 × 5 = 15
15 + 1 = 16
百の位に 1 くり上げる。

● 27 × 8 を筆算でしましょう。

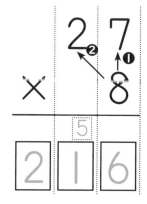

❶ 8 × 7 = 56
十の位に 5 くり上げる。

❷ 8 × 2 = 16
16 + 5 = 21
百の位に 2 くり上げる。

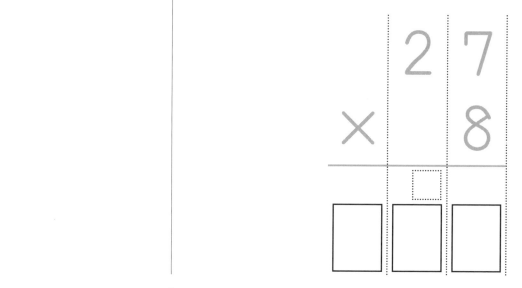

8

1けたをかける
かけ算の筆算 (6)

名　前

月　　日

● 筆算でしましょう。

① 42 × 7

くり上げた数をたすのをわすれないでね。

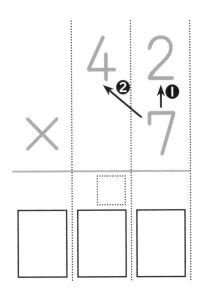

② 58 × 5

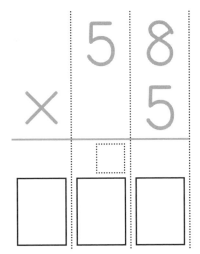

③ 63 × 8

④ 36 × 9

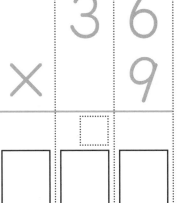

1 けたをかける
かけ算の筆算 (7)

2 けた × 1 けた

● 筆算でしましょう。

① 27 × 2

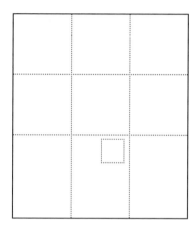

② 50 × 7

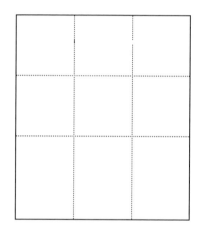

③ 38 × 6

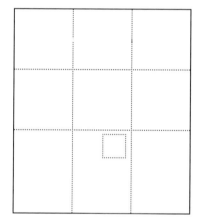

④ 73 × 4

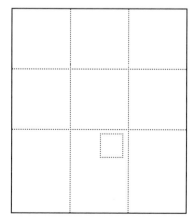

⑤ 45 × 5

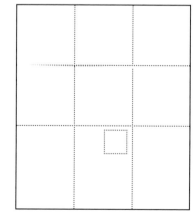

1 けたをかける
かけ算の筆算 (8)

2 けた × 1 けた

● 筆算でしましょう。

① 57 × 4

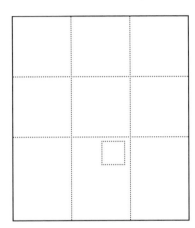

② 19 × 6

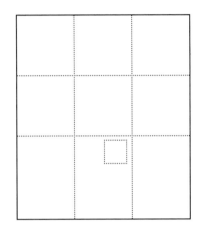

③ 83 × 3

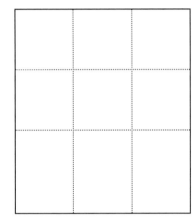

④ 64 × 5

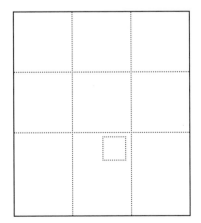

⑤ 48 × 4

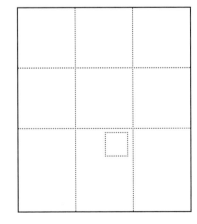

● 312 × 3 を筆算でしましょう。

一の位からじゅんに計算していこう。

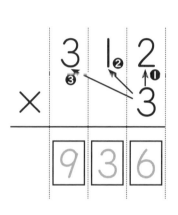

❶ 3 × 2 = 6
❷ 3 × 1 = 3
❸ 3 × 3 = 9

練習しましょう。

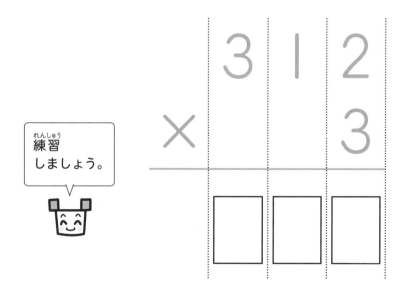

● 123 × 4 を筆算でしましょう。

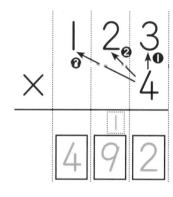

❶ 4 × 3 = 12
十の位に ☐ 1 くり上げる。

❷ 4 × 2 = 8
8 + ☐ 1 = 9

❸ 4 × 1 = 4

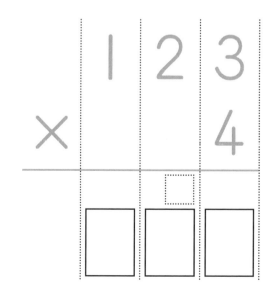

1 けたをかける
かけ算の筆算 (10)

名 前

月　　日

● 筆算でしましょう。

① 240 × 2

❶, ❷, ❸の
じゅんに
計算しよう。

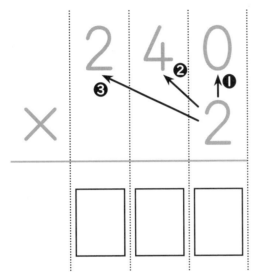

② 112 × 4

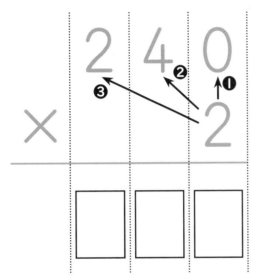

③ 318 × 3

④ 425 × 2

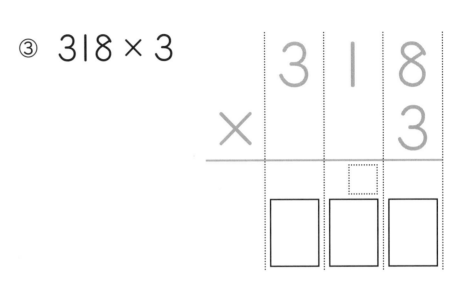

13

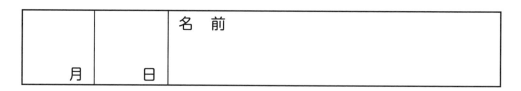

名　前

月　日

● 284×2を筆算でしましょう。

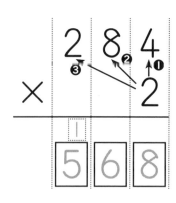

❶ 2×4=8

❷ 2×8=16
　百の位に１くり上げる。

❸ 2×2=4
　4+１=5

● 176×3を筆算でしましょう。

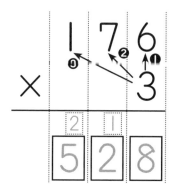

❶ 3×6=18
　十の位に１くり上げる。

❷ 3×7=21
　21+１=22
　百の位に２くり上げる。

❸ 3×1=3
　3+２=5

練習
しましょう。

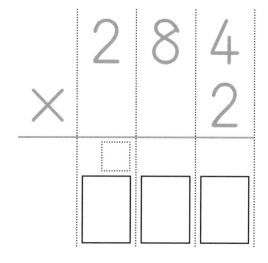

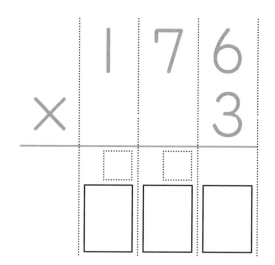

名　前

月　日

● 筆算でしましょう。

① 473 × 2

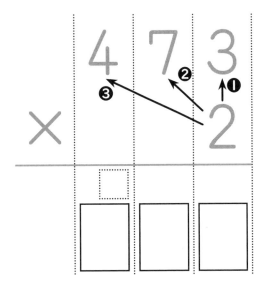

② 190 × 5

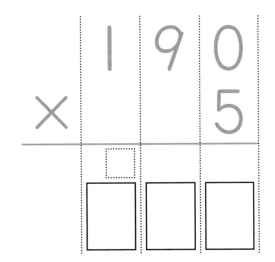

③ 248 × 3

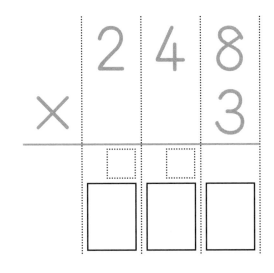

④ 456 × 2

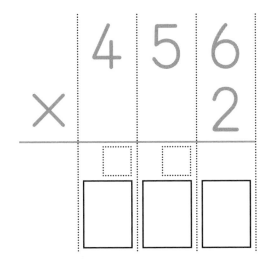

15

1けたをかける
かけ算の筆算 (13)

● 724 × 3 を筆算でしましょう。

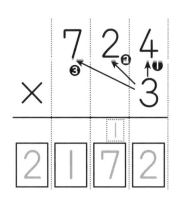

❶ 3 × 4 = 12
十の位に $\boxed{1}$ くり上げる。

❷ 3 × 2 = 6
6 + $\boxed{1}$ = 7

❸ 3 × 7 = 21
千の位に 2 くり上げる。

答えが
4けたに
なるね。

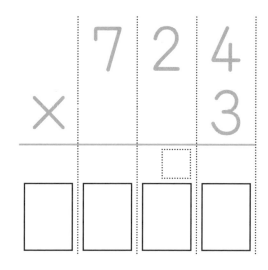

● 638 × 4 を筆算でしましょう。

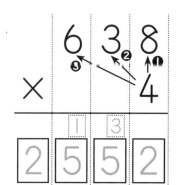

❶ 4 × 8 = 32
十の位に $\boxed{3}$ くり上げる。

❷ 4 × $\boxed{3}$ = 12
12 + $\boxed{3}$ = 15
百の位に $\boxed{1}$ くり上げる。

❸ 4 × 6 = 24
24 + $\boxed{1}$ = 25
千の位に 2 くり上げる。

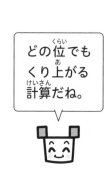

どの位でも
くり上がる
計算だね。

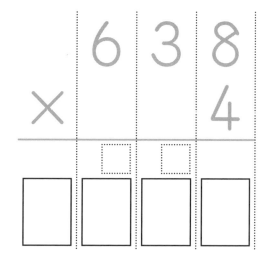

16

1けたをかける
ざん　ひっさん
かけ算の筆算 (14)

		名　前
月	日	

● 筆算でしましょう。

① 562 × 4

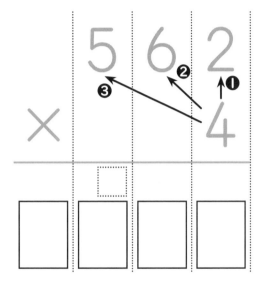

③ 475 × 3

② 816 × 2

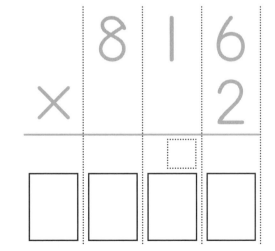

④ 632 × 8

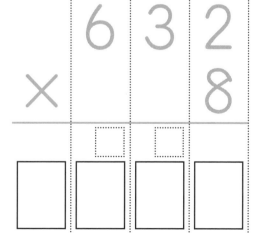

17

1 けたをかける
かけ算の筆算（15）

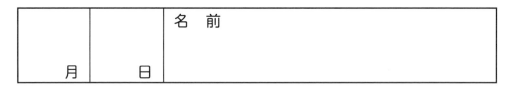

● 408 × 6 を筆算でしましょう。

```
    4 0₂ 8
  ×     6
  ┌─┬─┬─┬─┐
  │2│4│4│8│
  └─┴─┴─┴─┘
```

❶ 6 × 8 = 48
　十の位に 4 くり上げる。

❷ 6 × 0 = 0
　0 + 4 = 4

❸ 6 × 4 = 24
　千の位に 2 くり上げる。

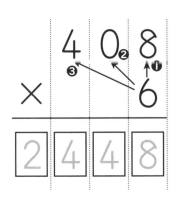

十の位に
くり上げた 4 が
そのまま
答えになるね。

```
    4 0 8
  ×     6
  ┌─┬─┬─┬─┐
  │ │ │ │ │
  └─┴─┴─┴─┘
```

● 筆算でしましょう。

①
```
    7 0 3
  ×     4
  ┌─┬─┬─┬─┐
  │ │ │ │ │
  └─┴─┴─┴─┘
```

②
```
    5 0 2
  ×     7
  ┌─┬─┬─┬─┐
  │ │ │ │ │
  └─┴─┴─┴─┘
```

名 前

月　日

● 筆算でしましょう。

① 512 × 6

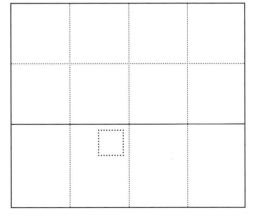

② 162 × 3

③ 305 × 9

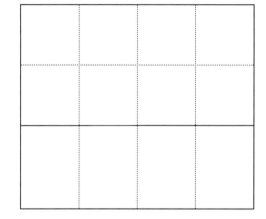

④ 348 × 2

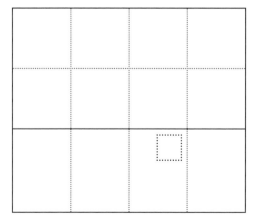

1けたをかける
かけ算の筆算（17）

3けた × 1けた

● 筆算でしましょう。

① 175 × 5

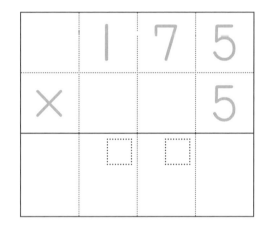

② 441 × 7

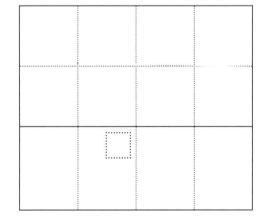

③ 820 × 6

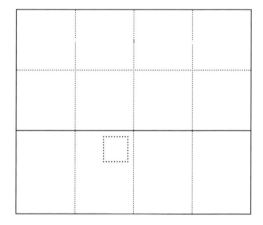

④ 728 × 4

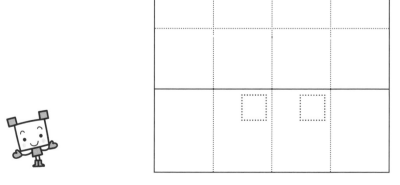

1けたをかける
かけ算の筆算 (18)

文章題

● 1台のバスに 52 人乗ることができます。

　7台では，全部で何人乗ることができますか。

式

1台分の人数		台数		全部の人数
	×		=	

筆算でしよう

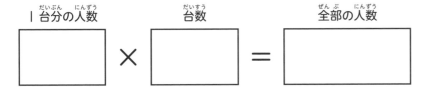

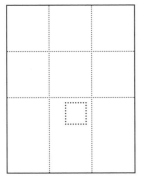

答え ⬚ 人

● 動物園の入園料は 1人 430 円です。

　8人分ではいくらになりますか。

式

1人分の代金		人数		全部の代金
	×		=	

筆算でしよう

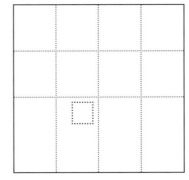

答え ⬚ 円

小数 (1)

● 下の水のかさは何 L ですか。

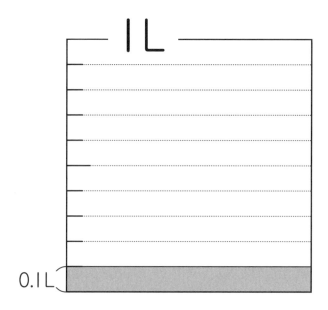

0.1 L

🐼 1L を 10 等分した 1 こ分のかさを
0.1L（れい点一リットル）といいます。

● 次の水のかさは何 L ですか。

①

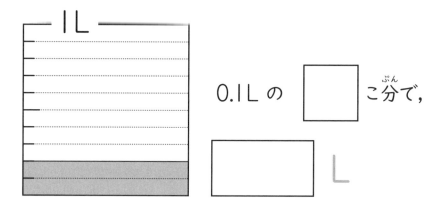

0.1L の ☐ こ分で，

☐ L

②

0.1L の ☐ こ分で，

☐ L

22

小数 (2)

● 下の水のかさは何 L ですか。

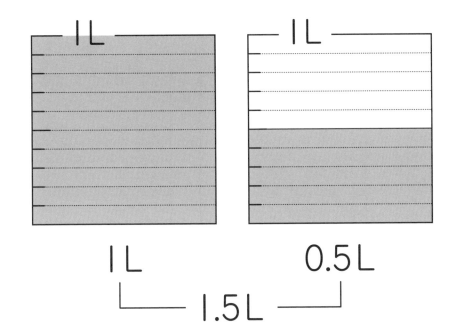

IL　　　　　0.5L

1.5L

🐭 IL と 0.5L をあわせたかさを
1.5L（一点五リットル）といいます。

1.5 L

● 次の水のかさは何 L ですか。

①

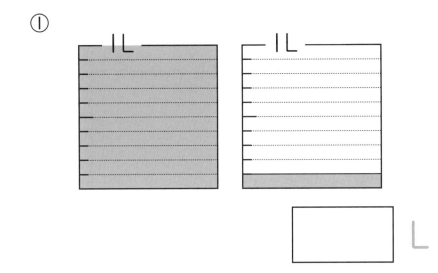

L

②

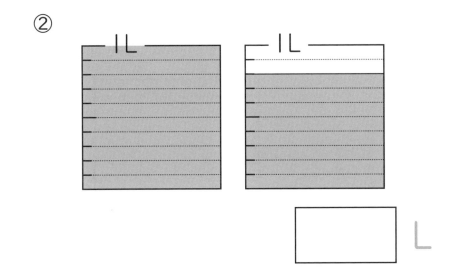

L

23

小 数 (3)

● 次の水のかさだけ色をぬりましょう。

① 0.6L

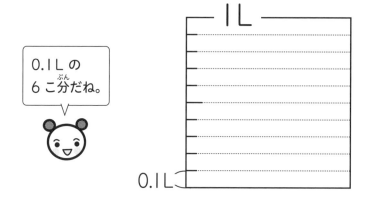

0.1Lの
6こ分だね。

0.1L

② 0.3L

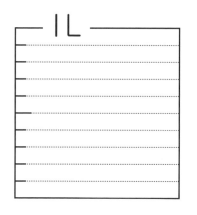

③ 1.7L

1Lと
0.7Lを
あわせた
かさだね。

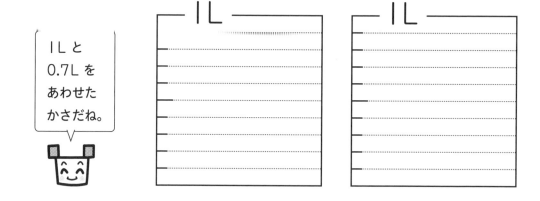

④ 1.2L

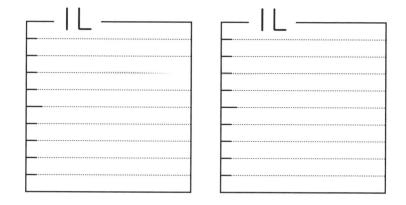

小数 (4)

● 次のかさを小数で表しましょう。

① 1dL = ◻ L

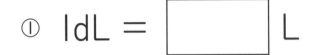

1dL は,
1L を 10等分した
1 こ分のかさだね。

② 1L 6dL = ◻ L

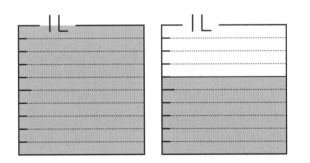

● 次のかさを L や dL を使って表しましょう。

① 0.9L = ◻ dL

② 2.5L = ◻ L ◻ dL

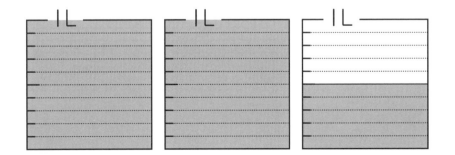

25

小 数 (5)

● 次のテープの長さは何 cm ですか。

①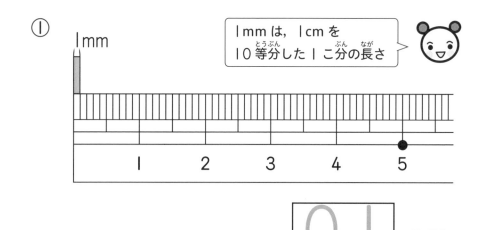

1mm は, 1cm を10等分した1こ分の長さ

$$\boxed{0.1} \text{cm}$$

②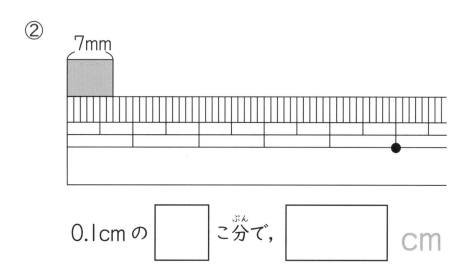

7mm

0.1cm の ☐ こ分で, ☐ cm

③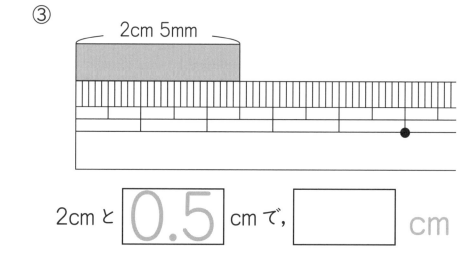

2cm 5mm

2cm と $\boxed{0.5}$ cm で, ☐ cm

④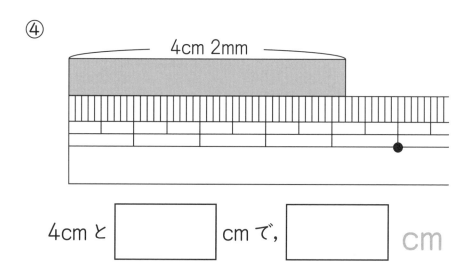

4cm 2mm

4cm と ☐ cm で, ☐ cm

小 数 (6)

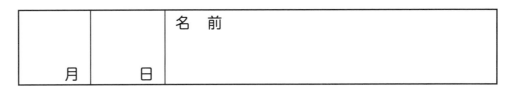

● ものさしの左からア，イ，ウ，エまでの長さをもとめましょう。

① （ ）にア～エの長さを書きましょう。

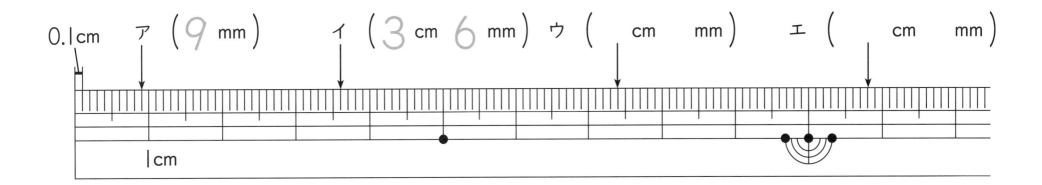

0.1cm　ア（ 9 mm ）　イ（ 3 cm 6 mm ）　ウ（ cm mm ）　エ（ cm mm ）

1cm

② ア～エの長さを cm だけで表しましょう。

ア ☐ cm

イ ☐ cm

ウ ☐ cm

エ ☐ cm

小数 (7)

1mm＝0.1cm

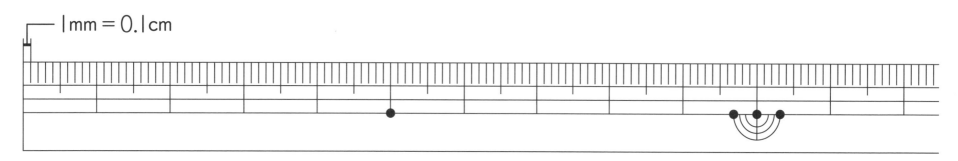

● 次の長さを小数で表しましょう。

① 8mm ＝ □ cm

② 5cm 9mm ＝ □ cm

③ 11cm 3mm ＝ □ cm

● 次の長さを cm や mm を使って表しましょう。

① 0.4cm ＝ □ mm

② 7.1cm ＝ □ cm □ mm

③ 10.6cm ＝ □ cm □ mm

		名 前
月	日	

● 次の数直線で，ア～エの↑が表している小数を書きましょう。

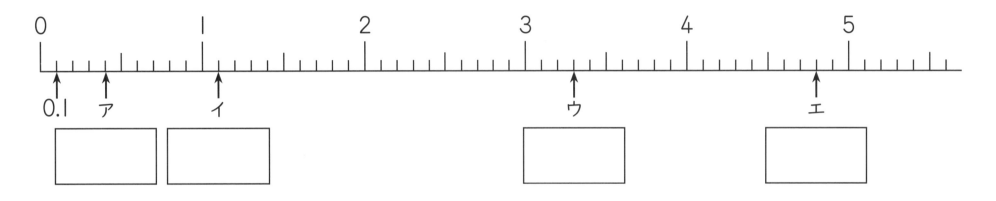

0.1　ア　　　イ　　　　　　　　　　ウ　　　　　　　　　エ

● 次の数を表すめもりに↑をかきましょう。

ア 0.6　　イ 2.4　　ウ 3.9　　エ 5.1

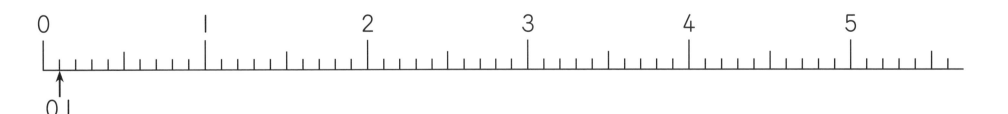

0.1

小数 (9)

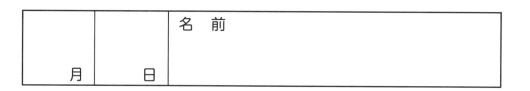

		名 前
月	日	

● 数直線を見て，□ にあてはまる数を書きましょう。

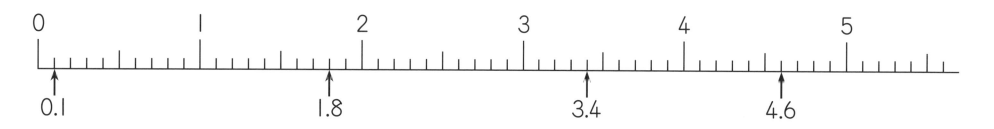

① 1は，0.1 を □ こ集めた数です。

② 2は，0.1 を □ こ集めた数です。

③ 1.8 は，0.1 を □ こ集めた数です。

④ 3.4 は，0.1 を □ こ集めた数です。

⑤ 4.6 は，0.1 を □ こ集めた数です。

小数 (10)

名 前

月　日

● 数直線を見て，□ にあてはまる数を書きましょう。

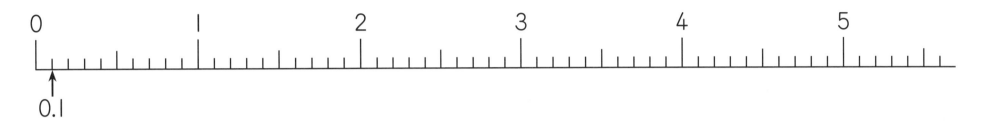

0.1

① 0.1 を 10 こ集めた数は □ です。

② 0.1 を 30 こ集めた数は □ です。

③ 0.1 を 25 こ集めた数は □ です。

④ 0.1 を 38 こ集めた数は □ です。

⑤ 0.1 を 51 こ集めた数は □ です。

小数 (11)

		名 前
月	日	

● 26.8 という数について □ にあてはまる
数を書きましょう。

十の位	一の位	小数第一位
2	6 .	8

↑ 小数点

小数点の
右の位を
小数第一位と
いいます。

① 26.8 は, 10 を □ こ, 1 を □ こ,

0.1 を □ こあわせた数です。

② 26.8 の小数第一位の数字は □ です。

③ 26.8 は, 26 と □ をあわせた
数です。

● 156.3 という数について □ にあてはまる
数を書きましょう。

百の位	十の位	一の位	小数第一位
1	5	6 .	3

① 156.3 は, 100 を □ こ,

10 を □ こ, 1 を □ こ,

0.1 を □ こあわせた数です。

② 156.3 の小数第一位の数字は □ です。

32

小数 (12)

● □にあてはまる不等号（>, <）をかきましょう。

① 0.9 □ 1.3

② 4.8 □ 5.2

③ 3.2 □ 3

④ 0 □ 0.1

● 次の３つの数を大きいじゅんにならべましょう。

① | 1.2 | 0.6 | 2.1 |

（　　　）➡（　　　）➡（　　　）

大きい　　　　　　　　　　　　小さい

② | 0.7 | 1.5 | 0 |

（　　　）➡（　　　）➡（　　　）

大きい　　　　　　　　　　　　小さい

数直線では，
右にいくほど
数が大きくなるよ。

0　　1　　2　　3　　4　　5

33

小数 (13)

小数のたし算

● ペットボトルにジュースが 0.5L 入っています。

　びんにジュースが 0.3L 入っています。

　あわせて何 L ありますか。

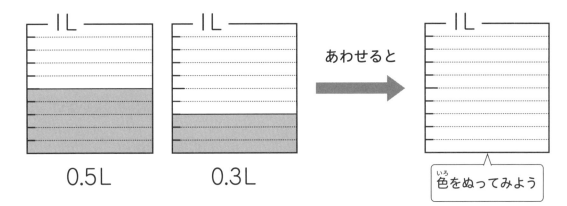

| 0.5L | 0.3L | あわせると | 1L 色をぬってみよう |

式

$$0.5 + 0.3 = \boxed{}$$

答え $\boxed{}$ L

● 計算をしましょう。

① $0.2 + 0.7 = \boxed{}$

② $0.6 + 0.4 = \boxed{}$

③ $0.8 + 0.5 = \boxed{}$

④ $0.9 - 0.5 = \boxed{}$

⑤ $1.4 - 0.8 = \boxed{}$

⑥ $1 - 0.2 = \boxed{}$

● 3.7 + 2.8 を筆算でしましょう。

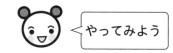やってみよう

筆算のしかた

❶ 位をそろえてかく。

❷ 整数の筆算と同じように計算する。

❸ 上の小数点にそろえて
答えの小数点をうつ。

```
   3 . 7
+  2 . 8
───────
   6 . 5
```

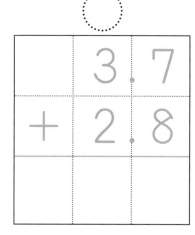

---

①

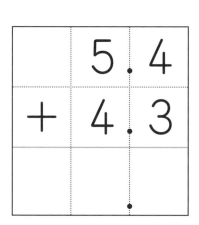

②

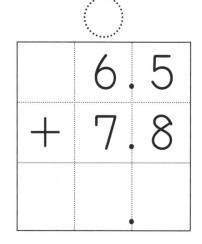

③

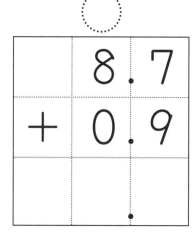

		名　前
月	日	

● 筆算でしましょう。

位をそろえて
たす数をかこう。

① 8.2 + 1.6

② 4.7 + 4.5

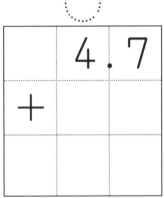

	8	.	2
+			

	4	.	7
+			

③ 0.7 + 0.8

④ 6.9 + 3.6

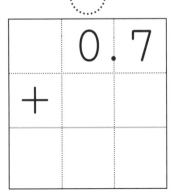

	0	.	7
+			

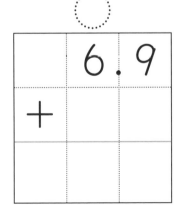

	6	.	9
+			

● 筆算でしましょう。

位をそろえて
ひく数をかこう。

① 6.4 - 3.2

② 5.3 - 2.6

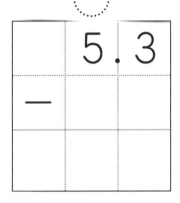

	6	.	4
−			

	5	.	3
−			

③ 9.5 - 4.8

④ 3.2 - 0.4

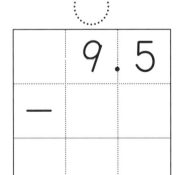

	9	.	5
−			

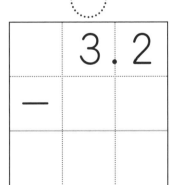

	3	.	2
−			

		名 前
月	日	

● 筆算でしましょう。

① 2.3 + 3.7

答えは
6 になるね。
0 は消して
おこう。

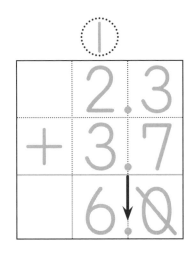

② 5 + 4.2

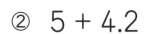

位を
そろえて
計算しよう。

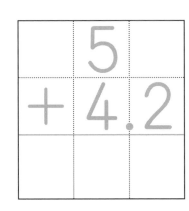

③ 6.5 − 5.7

答えの
一の位に
0 をかくのを
わすれずに！

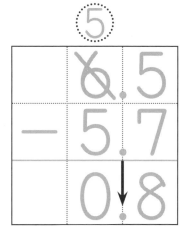

④ 7 − 2.6

7 は
7.0 と考えて
計算すると
いいね。

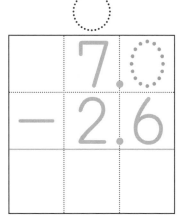

しょうすう
小数のたし算・ひき算

		名 前
月	日	

● 筆算でしましょう。

位をそろえて
たす数をかこう。

① 8 + 6.9

② 5.8 + 4.2

```
    8
+
```

```
    5.8
+
```

③ 7.4 + 3

④ 0.5 + 3.5

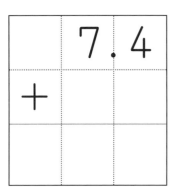

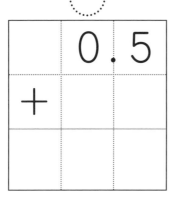

● 筆算でしましょう。

位をそろえて
ひく数をかこう。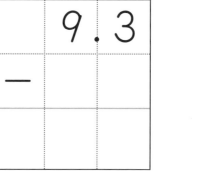

① 9.3 − 4

② 8.5 − 7.9

```
    9.3
−
```

```
    8.5
−
```

③ 10 − 2.7

④ 3.1 − 2.3

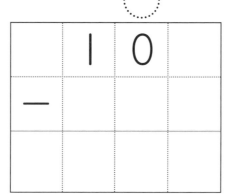

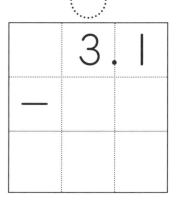

重さ (1)

重さのたんいには，**グラム**があり，g と書きます。

1円玉 | この重さは 1g です。

● ペンは何 g ですか。

ペン　　1円玉 20 こ

てんびんが
つり合っているので
同じ重さだね。

1g の　　20　こ分で

□ g

■ 練習をしましょう。

● 1円玉ではかりました。何 g ですか。

① ピーマン

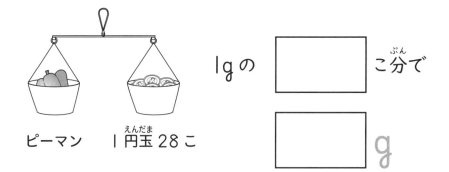

ピーマン　　1円玉 28 こ

1g の　　□　こ分で

□ g

② えんぴつ

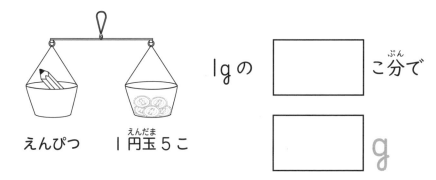

えんぴつ　　1円玉 5 こ

1g の　　□　こ分で

□ g

39

重さ (2)

● 消しゴムとクレヨンは，それぞれ何 g ですか。
　また，どちらが何 g 重いですか。

消しゴム　　1円玉18こ　　　　　クレヨン　　1円玉8こ

消しゴム

$$\boxed{}\ g$$

クレヨン

$$\boxed{}\ g$$

1円玉10こ分のちがいだね。

$$\boxed{}\ が\ \boxed{}\ g 重い。$$

● 食パンとたまごは，それぞれ何 g ですか。
　また，どちらが何 g 重いですか。

 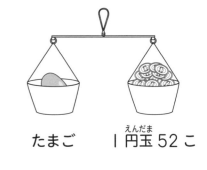

食パン　　1円玉60こ　　　　　たまご　　1円玉52こ

食パン

$$\boxed{}\ g$$

たまご

$$\boxed{}\ g$$

$$\boxed{}\ が\ \boxed{}\ g 重い。$$

40

重さ (3)

● はかりのめもりを調べましょう。

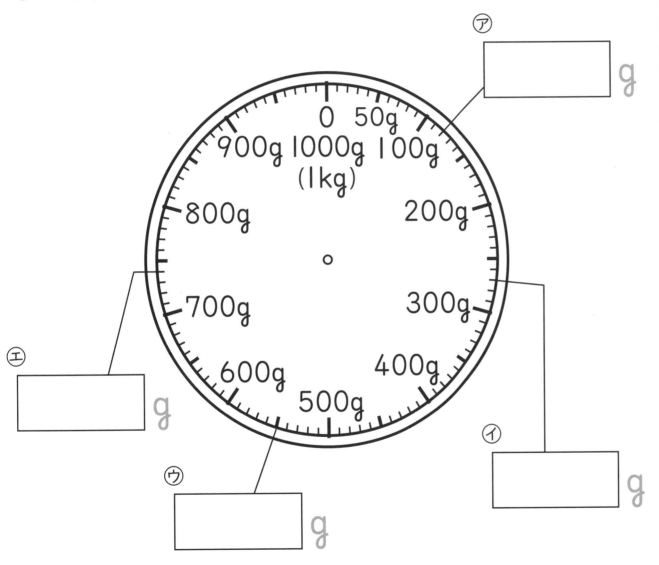

㋐ [____] g

㋓ [____] g

㋒ [____] g

㋑ [____] g

① いちばん小さい 1 めもりは
何 g を表していますか。

[____] g

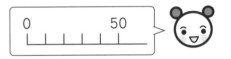

② このはかりでは，
何 g まではかれますか。

[____] g

③ ㋐～㋓のめもりは，
何 g を表していますか。

□ に書きましょう。

41

重さ (4)

● 次の重さを表すめもりに↑をかきましょう。

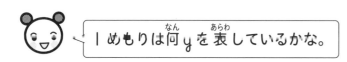

1めもりは何gを表しているかな。

れい	180g
㋐	360g
㋑	520g
㋒	790g
㋓	980g

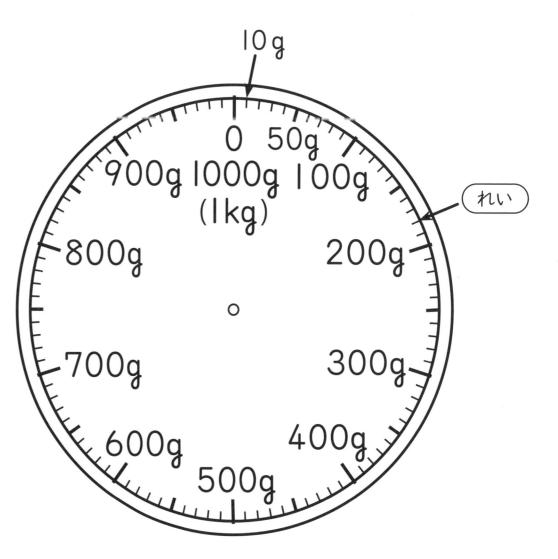

10g

重さ (5)

● 重さは何 g ですか。

① じゃがいも

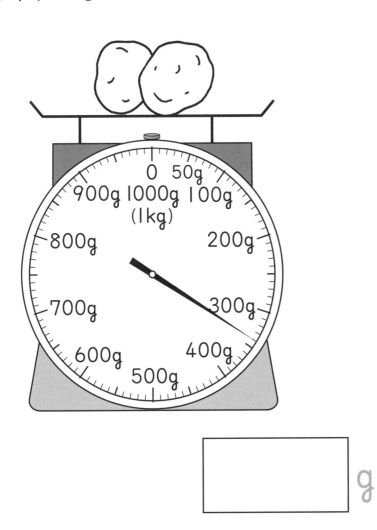

g

② バナナ

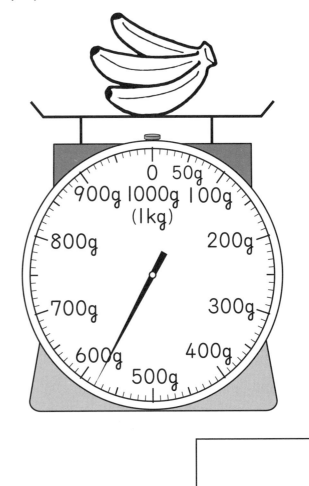

g

重　さ (6)

重いものをはかるには,

kg (キログラム) というたんいを

使います。

$$1kg = 1000g$$

■ 練習をしましょう。

① ② ③
1kg　2kg　3kg

4kg　5kg　6kg

1kg ＝ 1000g

● じしょの重さをはかりました。

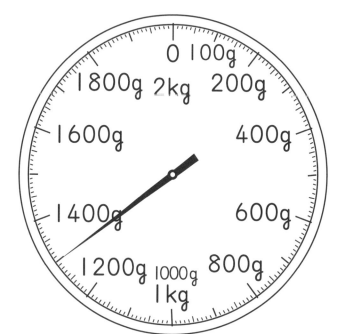

0 100g
1800g 2kg 200g
1600g　　400g
　　　　600g
1400g
1200g 1000g 800g
1kg

① 何 g ですか。

◻◻◻ g

② 何 kg 何 g ですか。

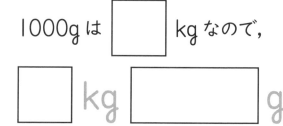

1000g は ◻ kg なので,

◻ kg ◻ g

重さ (7)

● はりのさしている重さは何 g ですか。また，何 kg 何 g ですか。

① キャベツ

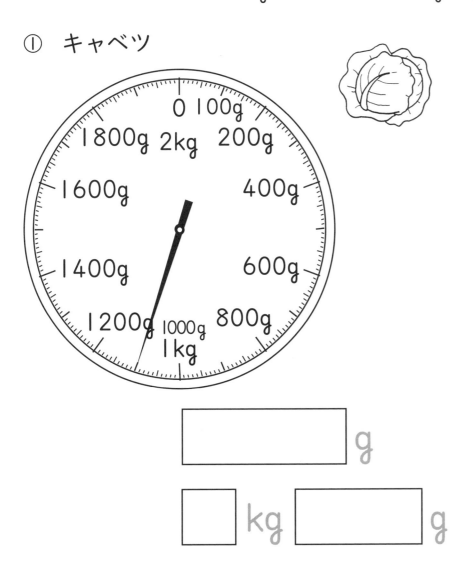

☐☐☐☐ g

☐ kg ☐☐☐ g

② 子犬

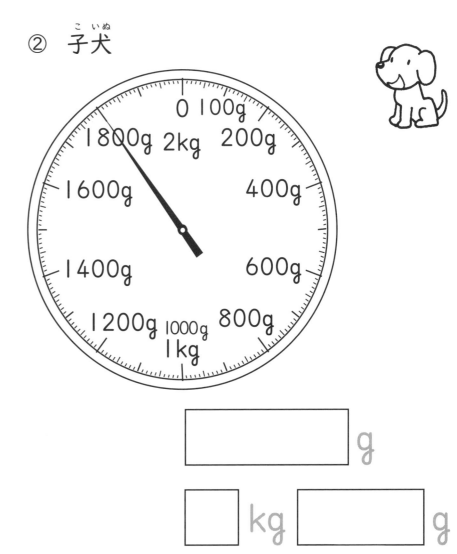

☐☐☐☐ g

☐ kg ☐☐☐ g

重さ (8)

● □にあてはまる数を書きましょう。

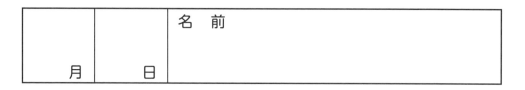

1kg = 1000g

① 3000 g = ☐ kg

② 6700 g = ☐ kg ☐ g

③ 5080 g = ☐ kg ☐ g

④ 4 kg = ☐ g

⑤ 7 kg 350 g = ☐ g

● 重い方を通ってゴールまで行きましょう。

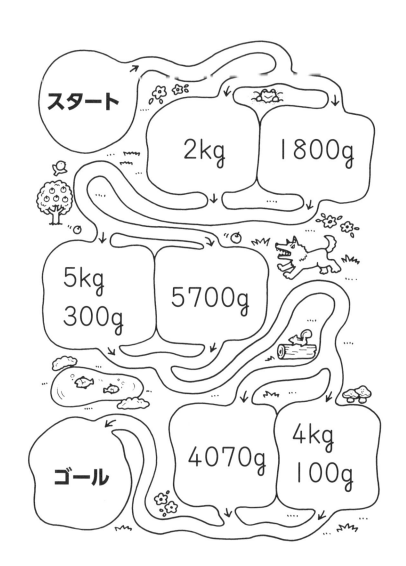

スタート

2kg　1800g

5kg 300g　5700g

ゴール　4070g　4kg 100g

重 さ (9)

● 200g のかごに 650g のりんごを入れます。
重さは何 g になりますか。

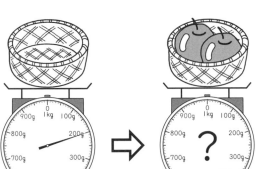

式

| | g + | | g = | | g |

答え | | g

● はやとさんの体重は 18kg です。
お兄さんの体重は 32kg です。
2人の体重のちがいは何 kg ですか。

式

| | kg − | | kg = | | kg |

答え | | kg

47

重さ (10)

名　前

月　　日

● 計算をしましょう。

① 1kg 200g + 2kg 500g = $\boxed{3}$ kg $\boxed{700}$ g

同じたんいの
数どうしを
計算するよ。

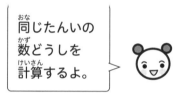

② 700g + 600g = ☐ g

③ 3kg 800g − 1kg 700g = ☐ kg ☐ g

④ 900g − 250g = ☐ g

1kg = 1000g
⑤は，1000g − 500g と
考えるよ。

⑤ 1kg − 500g = ☐ g

重さ (11)

とても重いものの重さを表すたんいに
t（トン）があります。　1t ＝ 1000kg

● 次の重さを t と kg で表しましょう。

① ゾウ 　5t ＝ 5000kg

② キリン 　2t ＝

③ ヘリコプター 　3t ＝

● □ にあてはまる重さのたんい（t,kg,g）を
書きましょう。

① すいか1玉の重さ …… 5 □

② はがき1まいの重さ … 4 □

③ 自動車1台の重さ …… 2 □

④ ノート1さつの重さ … 130 □

⑤ 自転車1台の重さ …… 12 □

分数 (1)

● 1m を 3 等分した 1 こ分の長さは何 m ですか。

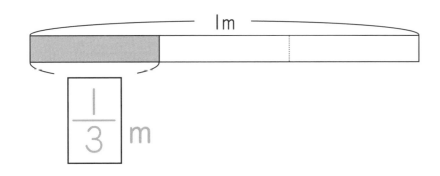

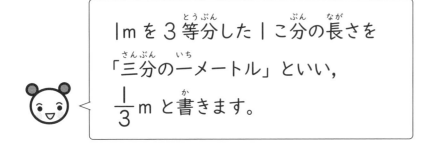

1m を 3 等分した 1 こ分の長さを
「三分の一メートル」といい，
$\frac{1}{3}$ m と書きます。

■ 読みながら書いてみましょう。

③ ………
① ………
② ………

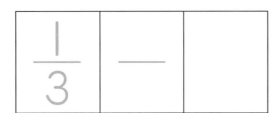

● 色をぬったところの長さは何 m ですか。

① 1m を 4 等分した 1 こ分の長さ

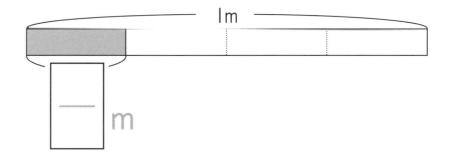

② 1m を 7 等分した 1 こ分の長さ

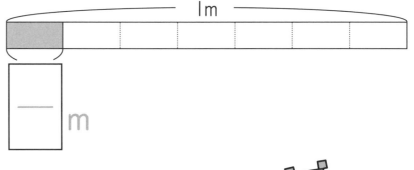

分数 (2)

● 色をぬったところの長さは何 m ですか。

① 1m を 5 等分した 1 こ分の長さ

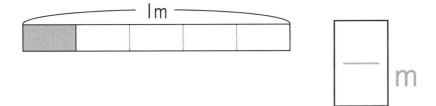

$\dfrac{\ }{\ }$ m

② 1m を 5 等分した 2 こ分の長さ

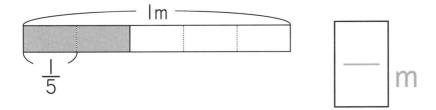

$\dfrac{\ }{\ }$ m

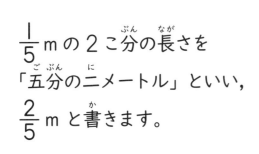

$\dfrac{1}{5}$ m の 2 こ分の長さを
「五分の二メートル」といい,
$\dfrac{2}{5}$ m と書きます。

2 こ分

$\dfrac{2}{5}$

5 等分した

● 色をぬったところの長さは何 m ですか。

① 1m を 4 等分した 3 こ分の長さ

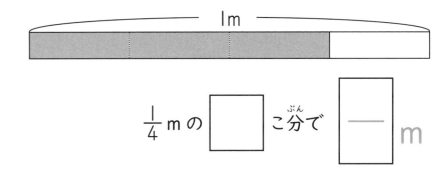

$\dfrac{1}{4}$ m の □ こ分で $\dfrac{\ }{\ }$ m

② 1m を 7 等分した 4 こ分の長さ

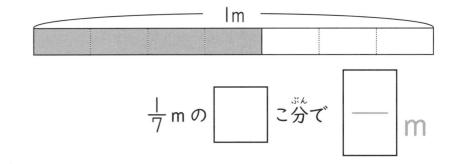

$\dfrac{1}{7}$ m の □ こ分で $\dfrac{\ }{\ }$ m

分数 (3)

● 次の長さの分だけ色をぬりましょう。

① $\dfrac{1}{6}$ m

1m

② $\dfrac{5}{8}$ m

1m

③ $\dfrac{4}{5}$ m

1m

分数の線の下の数を分母，上の数を分子といいます。 $\dfrac{4}{5}$ ……分子 ……分母

● □ にあてはまる数を書きましょう。

① 1mを3等分した2こ分の長さは $\dfrac{\Box}{\Box}$ mです。

② 1mを10等分した7こ分の長さは $\dfrac{\Box}{\Box}$ mです。

③ $\dfrac{3}{5}$ mは，$\dfrac{1}{5}$ mの □ こ分の長さです。

④ $\dfrac{5}{6}$ mは，$\dfrac{1}{6}$ mの □ こ分の長さです。

52

分数 (4)

● 色をぬったところのかさは何 L ですか。

①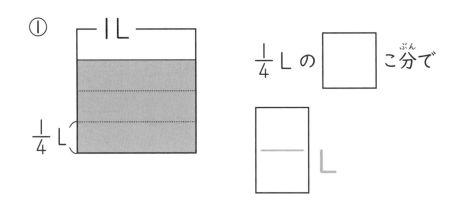

$\frac{1}{4}$ L の □ こ分で

□ L

（1めもりは，
1L を 4 等分した
1 こ分の大きさだね。）

②

$\frac{1}{3}$ L の □ こ分で

□ L

③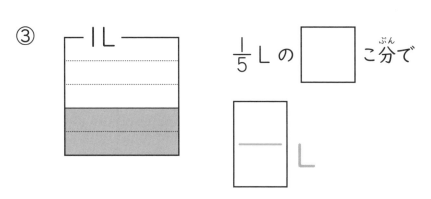

$\frac{1}{5}$ L の □ こ分で

□ L

④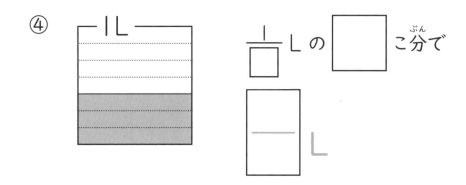

$\frac{1}{□}$ L の □ こ分で

□ L

⑤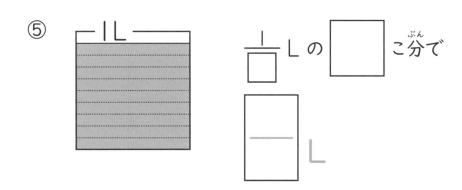

$\frac{1}{□}$ L の □ こ分で

□ L

53

分数 (5)

● 次のかさの分だけ色をぬりましょう。

① $\dfrac{1}{5}$ L

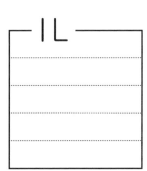

② $\dfrac{5}{6}$ L

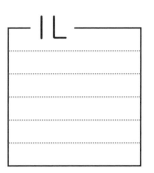

③ $\dfrac{3}{8}$ L

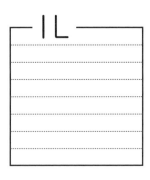

● □ にあてはまる数を書きましょう。

① 1L を 9 等分した 4 こ分のかさは $\dfrac{\Box}{\Box}$ L です。

② $\dfrac{5}{8}$ L は, 1L を □ 等分した □ こ分のかさです。

③ $\dfrac{6}{7}$ L は, $\dfrac{1}{7}$ L の □ こ分のかさです。

④ $\dfrac{1}{10}$ L の 3 こ分のかさは $\dfrac{\Box}{\Box}$ L です。

分数 (6)

● 下の数直線は, 0 と 1 の間を 7 等分したものです。

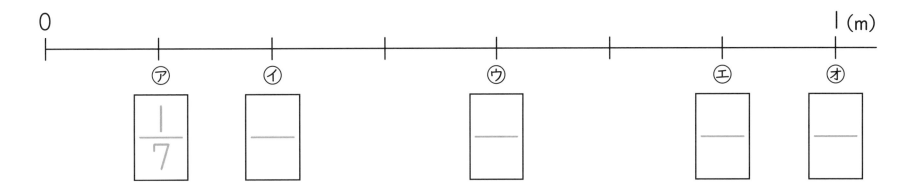

0 　　　　　㋐　　㋑　　　　　　　㋒　　　　　　㋓　㋔　1 (m)

$\frac{1}{7}$

① ㋐〜㋔にあてはまる分数を書きましょう

② ㋑と㋓は, $\frac{1}{7}$ mの何こ分の長さですか。

㋑ □ こ分　　㋓ □ こ分

③ 1mと同じ長さの分数を書きましょう。

1 m = $\frac{□}{7}$ m

■ □ にあてはまる数を書きましょう。

① $\frac{□}{5} = 1$

② $\frac{6}{□} = 1$

③ $\frac{4}{4} = □$

分母と分子が同じ数の分数は, 1 と同じ大きさだね。

55

分数 (7)

● ☐にあてはまる分数を書きましょう

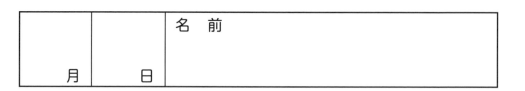

0から1の間をそれぞれ何等分しているかな。

①
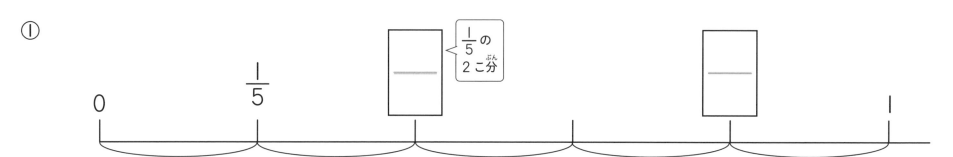

②
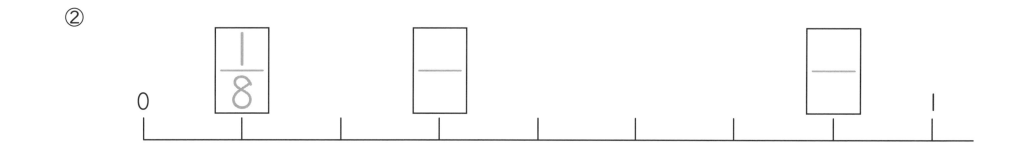

③
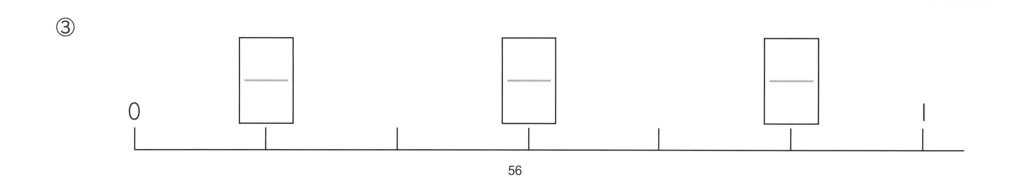

分数 (8)

● 下の数直線は，1 を 10 等分したものです。□ には分数で，⬚ には小数で，それぞれあてはまる数を書きましょう。

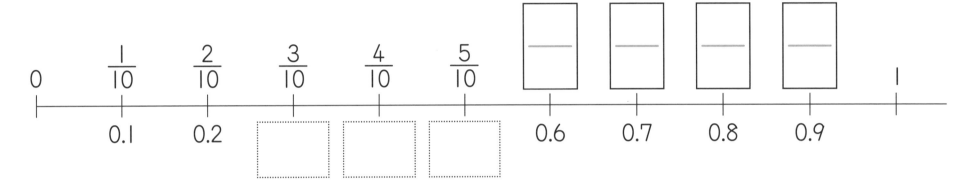

$\dfrac{1}{10} = 0.1$

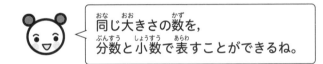
同じ大きさの数を，
分数と小数で表すことができるね。

■ □ にあてはまる小数や分数を書きましょう。

① $\dfrac{7}{10} = $ ⬚　　② $\dfrac{3}{10} = $ ⬚　　③ $0.5 = $ ⬚　　④ $0.9 = $ ⬚

57

分数 (9)

● □ にあてはまる等号や不等号を書きましょう。

① $\dfrac{4}{5}$ □ $\dfrac{3}{5}$

② $\dfrac{2}{9}$ □ $\dfrac{5}{9}$

③ 1 □ $\dfrac{6}{6}$

④ $\dfrac{6}{7}$ □ 1

⑤ 1 □ $\dfrac{10}{10}$

分数の分母と分子が
同じ数のときは、
1と同じ大きさだったね。

$$\dfrac{5}{5} = 1$$

● □ にあてはまる等号や不等号を書きましょう。

① $\dfrac{2}{10}$ □ 0.4

② $\dfrac{7}{10}$ □ 0.9

③ $\dfrac{1}{10}$ □ 0.1

④ 0.8 □ $\dfrac{5}{10}$

⑤ 0.6 □ $\dfrac{6}{10}$

分数か小数どちらかに
そろえてくらべよう。

		名　前
月	日	

● やかんにお茶が $\frac{2}{5}$ L 入っています。

　ペットボトルにお茶が $\frac{1}{5}$ L 入っています。

　あわせて何 L ありますか。

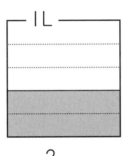

$\frac{2}{5}$ L　　$\frac{1}{5}$ L　　あわせると　　1L

色をぬってみよう

式　$\frac{2}{5} + \frac{1}{5} = \boxed{}$

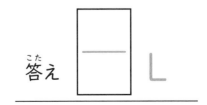

$\frac{1}{5}$ が （2 ＋ 1 ） と考えるといいね。

答え　L

分　数 (11)

分数のたし算

● 計算をしましょう。

① $\dfrac{2}{7} + \dfrac{4}{7} = \boxed{}$

② $\dfrac{1}{4} + \dfrac{2}{4} = \boxed{}$

③ $\dfrac{6}{10} + \dfrac{3}{10} = \boxed{}$

④ $\dfrac{4}{8} + \dfrac{2}{8} = \boxed{}$

⑤ $\dfrac{1}{3} + \dfrac{2}{3} = \dfrac{3}{3}$

$= \boxed{1}$

⑥ $\dfrac{5}{9} + \dfrac{4}{9} = \boxed{}$

$= \boxed{}$

分母と分子が
同じ数の分数は
1と同じだったね。

60

分　数 (12)

分数のひき算

● 牛にゅうが 1L あります。

$\frac{1}{4}$L 飲むと, のこりは何 L ですか。

$$1L = \frac{\boxed{}}{4} L$$

のむ

のこりは

色をぬってみよう

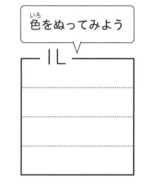

式

$$1 - \frac{1}{4} = \frac{4}{4} - \frac{\boxed{}}{\boxed{}}$$

1 は分数になおしてから計算しよう。

$$= \frac{\boxed{}}{\boxed{}}$$

答え $\boxed{}$ L

61

分数 (13)

分数のひき算

		名 前
月	日	

● 計算をしましょう。

① $\dfrac{5}{6} - \dfrac{1}{6} = \boxed{}$

② $\dfrac{8}{9} - \dfrac{5}{9} = \boxed{}$

③ $\dfrac{4}{5} - \dfrac{2}{5} = \boxed{}$

④ $\dfrac{6}{8} - \dfrac{3}{8} = \boxed{}$

⑤ $1 - \dfrac{2}{3} = \boxed{\dfrac{3}{3}} - \boxed{\dfrac{2}{3}}$

$= \boxed{}$

⑥ $1 - \dfrac{2}{10} = \boxed{} - \boxed{}$

$= \boxed{}$

分母と分子が
同じ数の分数は
1 と同じだったね。

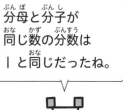

2けたをかける
かけ算の筆算 (1)

2けた × 2けた ＝ 3けた

● 23 × 34 を
筆算でしましょう。

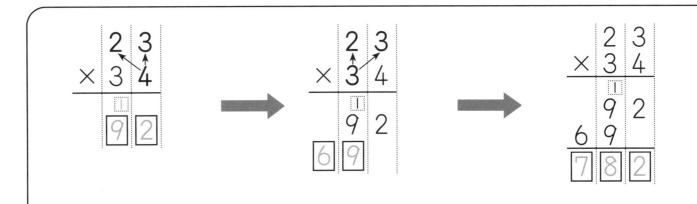

❶ 23 × 4 = 92　　　❷ 23 × 3 = 69　　　❸ 92 + 69○ = 782

同じように
筆算を
してみよう。

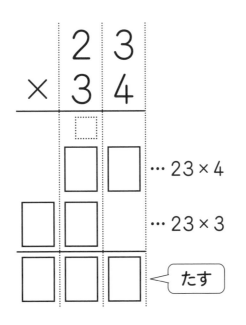

… 23 × 4

… 23 × 3

たす

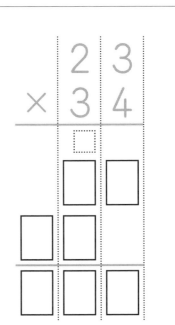

2けたをかける
かけ算の筆算 (2)

2けた × 2けた = 3けた

● 筆算でしましょう。

① 54 × 15

```
    5 4
  ×   1 5
  ┌─┬─┬─┐
  │ │□│ │
  ├─┼─┼─┤
  │ │ │ │ …54×5
  ├─┼─┼─┤
  │ │ │   …54×1
  ├─┼─┼─┤
  │ │ │ │ ←たす
  └─┴─┴─┘
```

② 17 × 48

```
    1 7
  ×   4 8
  ┌─┬─┬─┐
  │ │□│ │
  │ │ │ │
  ├─┼─┼─┤
  │□│ │
  │ │ │
  ├─┼─┼─┤
  │ │ │ │
  └─┴─┴─┘
```

③ 32 × 29

```
    3 2
  ×   2 9
  ┌─┬─┬─┐
  │ │□│ │
  │ │ │ │
  ├─┼─┼─┤
  │ │ │
  │ │ │
  ├─┼─┼─┤
  │ │ │ │
  └─┴─┴─┘
```

2けたをかける
かけ算の筆算 (3)

2けた × 2けた ＝ 3けた

● 筆算でしましょう。

① 27 × 32　　② 43 × 16　　③ 22 × 42　　④ 60 × 14

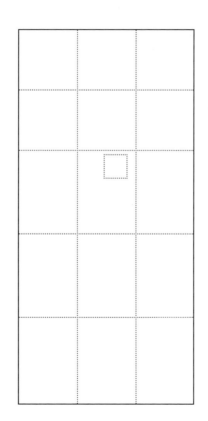

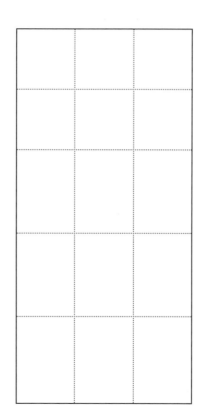

2けたをかける
かけ算の筆算 (4)

2けた × 2けた = 4けた

● 38 × 52 を
筆算でしましょう。

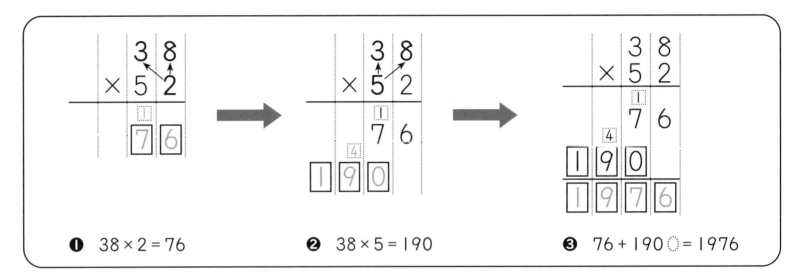

❶ 38 × 2 = 76　　　❷ 38 × 5 = 190　　　❸ 76 + 190 = 1976

練習しましょう。

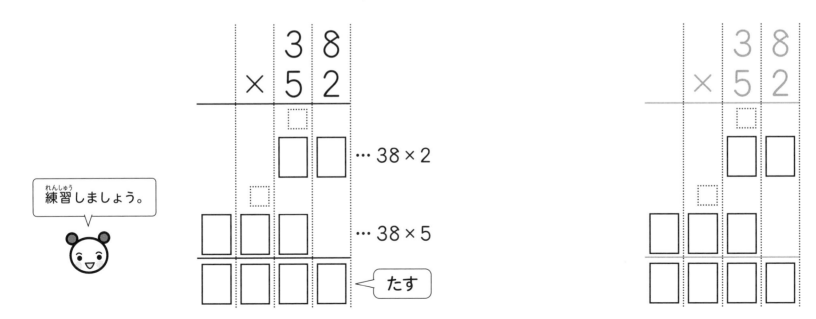

… 38 × 2

… 38 × 5

たす

名　前

月　　日

● 筆算でしましょう。

① 46 × 27

② 78 × 34

③ 62 × 53

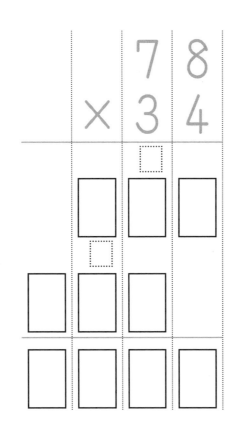

…46 × 7

…46 × 2

たす

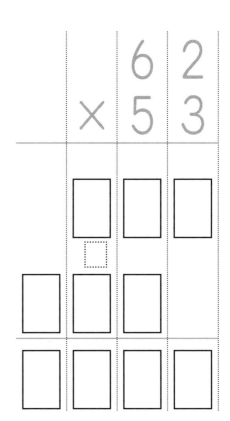

2けたをかける
かけ算の筆算 (6)

2けた × 2けた = 4けた

● 筆算でしましょう。

① 57 × 34　　② 72 × 49　　③ 80 × 63　　④ 25 × 93

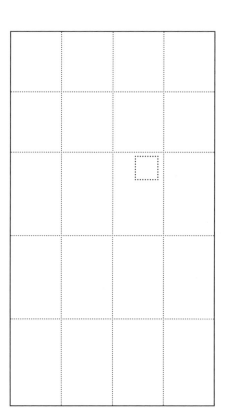

● 27×30 を筆算でしましょう。

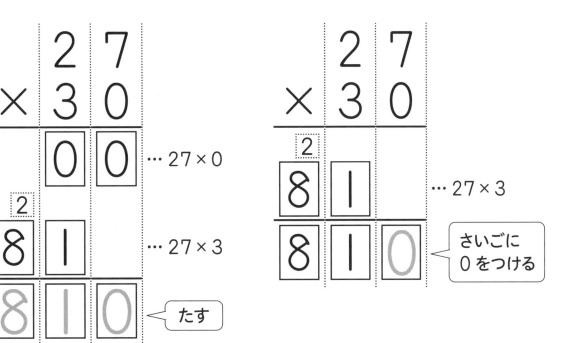

…27×0

…27×3

たす

■ 42×60 を筆算でしましょう。

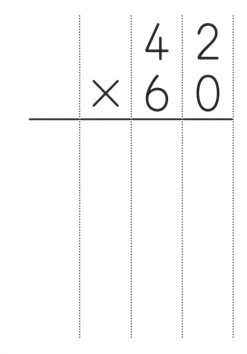

これまでと
同じやり方だね。

27×0を
しょうりゃくしても
計算できるね。

左の
どちらのやり方で
計算してもいいよ。

名　前

月　日

● 347 × 26 を
筆算でしましょう。

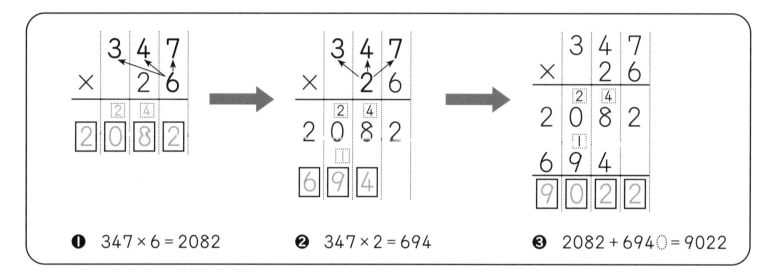

❶ 347 × 6 = 2082　　❷ 347 × 2 = 694　　❸ 2082 + 694○ = 9022

練習しましょう。

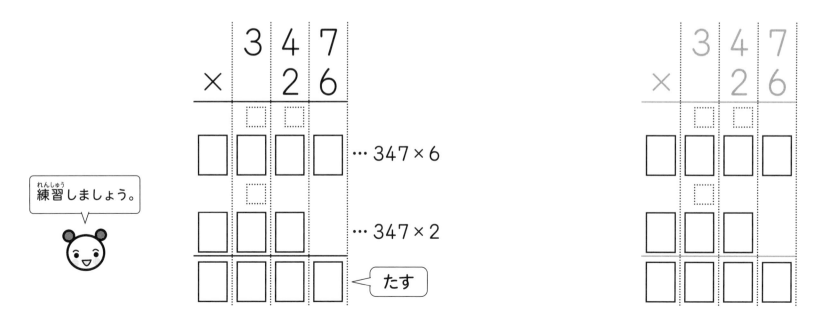

… 347 × 6

… 347 × 2

たす

2けたをかける
かけ算の筆算 (9)

3けた × 2けた

● 筆算でしましょう。

① 576 × 43　　　② 492 × 68　　　③ 137 × 88

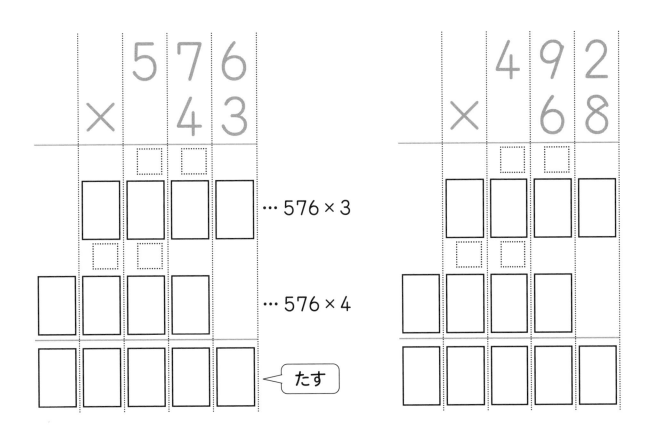

… 576 × 3

… 576 × 4

たす

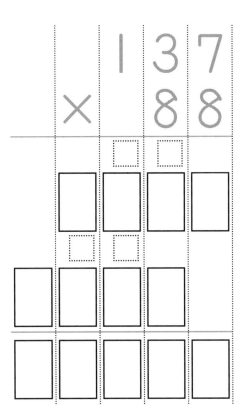

2 けたをかける
かけ算の筆算 (10)　3けた×2けた

● 308 × 29 を筆算でしましょう。

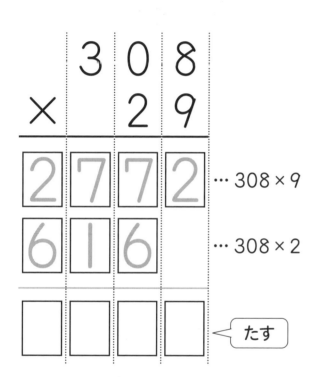

```
     3 0 8
×      2 9
─────────
   2 7 7 2  …308×9
   6 1 6    …308×2
─────────
   □ □ □ □  ←たす
```

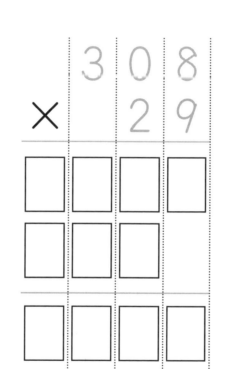

答えをかく場所に
気をつけよう。

■ 筆算でしましょう。

①
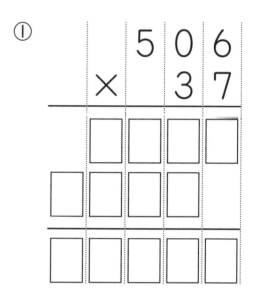

```
     5 0 6
×      3 7
```

②
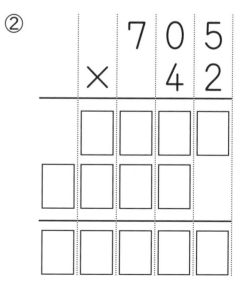

```
     7 0 5
×      4 2
```

72

2けたをかける
かけ算の筆算 (11)

3けた × 2けた

● 筆算でしましょう。

① 258 × 34

② 602 × 47

③ 716 × 73

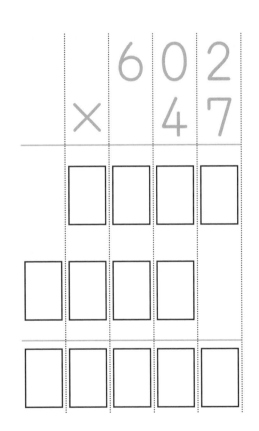

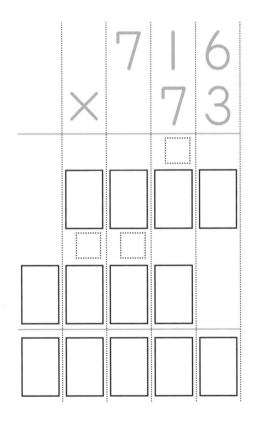

名　前

月　日

● 筆算でしましょう。

① 844 × 36

② 289 × 75

③ 406 × 58

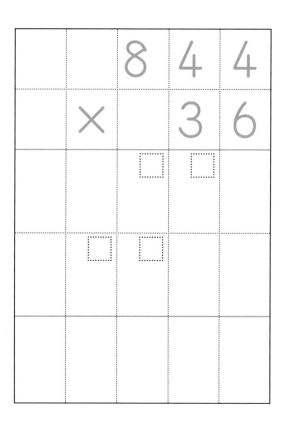

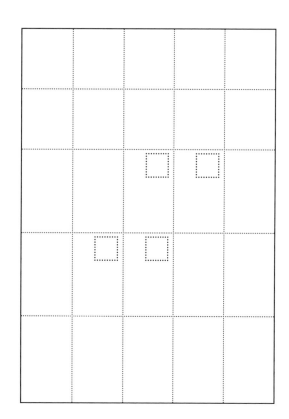

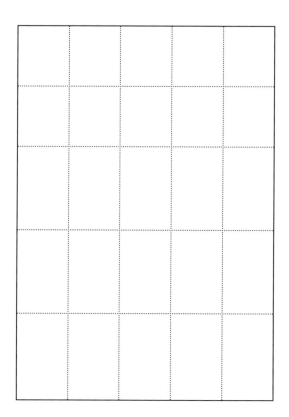

2 けたをかける
かけ算の筆算 (13)
文章題

● 1本 96 円のえん筆を 15 本買います。

代金はいくらですか。

式

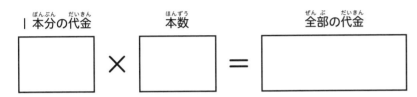

1本分の代金		本数		全部の代金
□	×	□	=	□

筆算でしよう

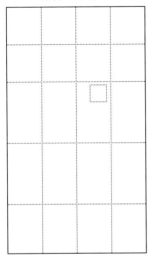

答え □ 円

● 1ふくろにクリップが 243 こ入っています。

36 ふくろでは,

クリップは全部で何こになりますか。

式

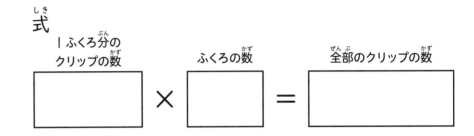

1ふくろ分のクリップの数		ふくろの数		全部のクリップの数
□	×	□	=	□

筆算でしよう

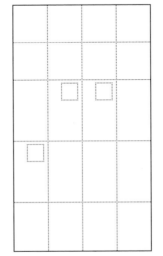

答え □ こ

三角形 （1）

		名 前
月	日	

● ⑦と④は，どんな三角形ですか。□にあてはまることばや数を書きましょう。

⑦

⑦と④の三角形の
辺の長さをそれぞれはかり，
同じ長さの辺に
色をぬりましょう。

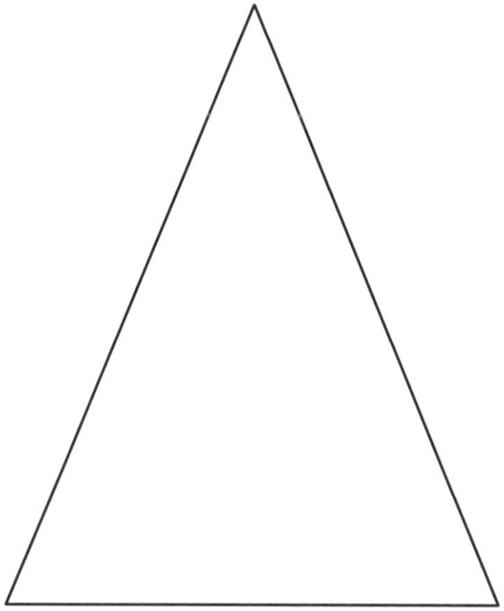

④

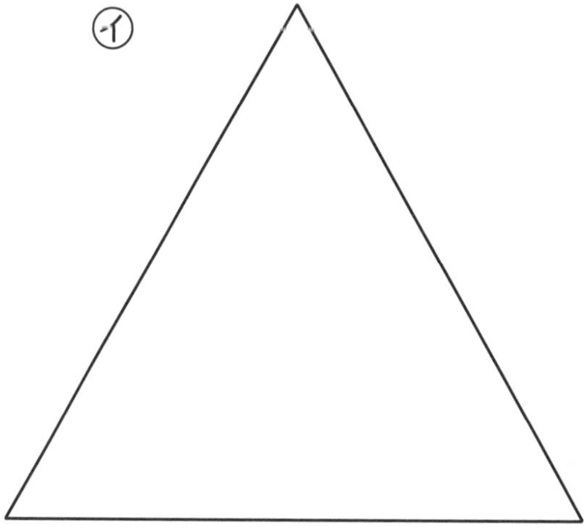

| 二等辺三角形 |は，

□ つの辺の長さが等しい三角形です。

| 正三角形 |は，

□ つの辺の長さが等しい三角形です。

76

		名 前
月	日	

● 下の㋐～㋔の図で，二等辺三角形はどれですか。

記号に○をつけましょう。

コンパスを使って辺の長さを調べよう。

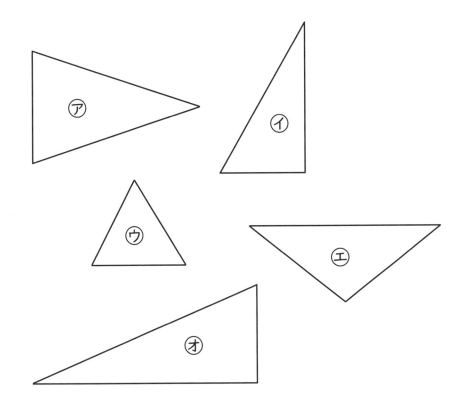

● 下の㋐～㋔の図で，正三角形はどれですか。

記号に○をつけましょう。

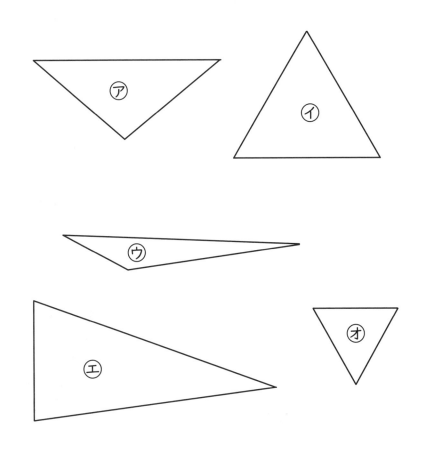

三角形 (3)

● 辺の長さが 6cm，8cm，8cm の
二等辺三角形をかきましょう。

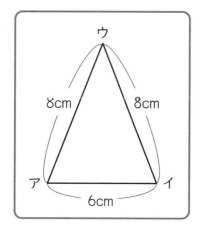

コンパスを
使って，
アとイから
それぞれ
8cm のところに
しるしを
つけよう。

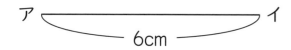

● 辺の長さが 10cm，7cm，7cm の
二等辺三角形をかきましょう。

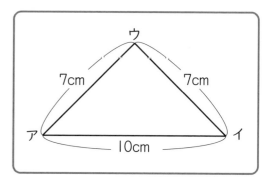

78

		名 前
月	日	

● | 辺の長さが 7cm の正三角形をかきましょう。

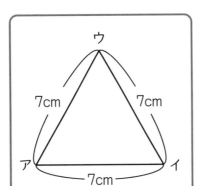

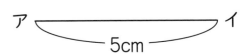

正三角形は,
3つの辺の
長さが等しいね。

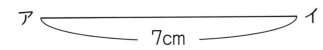

ア ——————— イ
7cm

● | 辺の長さが 5cm の正三角形をかきましょう。

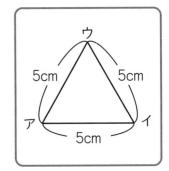

ア ——————— イ
5cm

79

三角形 (5)

● 円の半径を使って，れいのように二等辺三角形を2つかきましょう。

円の半径は，どこも同じ長さだね。

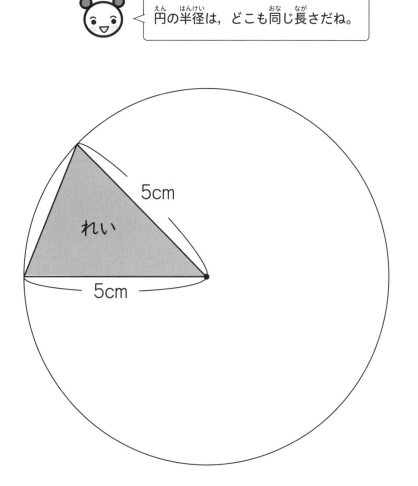

5cm

れい

5cm

● 半径4cmの円を使って，1辺の長さが4cmの正三角形をかきましょう。

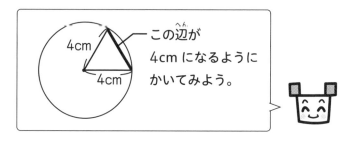

4cm
4cm

この辺が4cmになるようにかいてみよう。

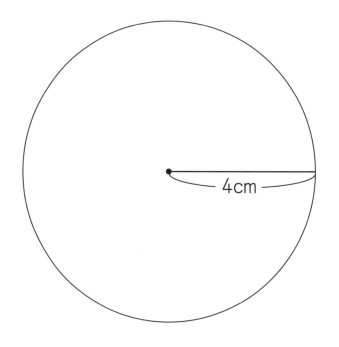

4cm

		名　前
月	日	

● 次の（　）にあてはまることばを下の ⬚ から えらんで書きましょう。

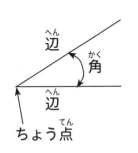

・｜つの点から出ている2本の 直線が作る形を ⬚ と いいます。

・この｜つの点を ⬚ といい，

2つの直線をそれぞれ ⬚ といいます。

・角を作っている辺の開きぐあいを ⬚ といいます。

> ちょう点　・　角　・　辺　・　角の大きさ

● 下の角の大きさを調べましょう。

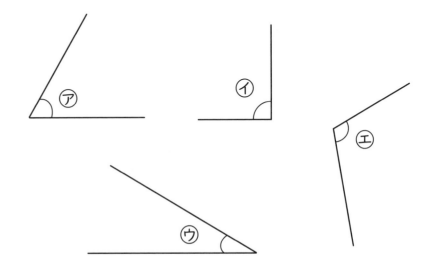

① 直角になっている角は，どれですか。

② 角が大きいじゅんに記号を書きましょう。

（　　　）（　　　）（　　　）（　　　）

大きい　　　　　　　　　　　　　　　小さい

三角形 (7)

<table>
<tr><td></td><td>月</td><td>日</td><td>名　前</td></tr>
</table>

● 2つの三角形について答えましょう。

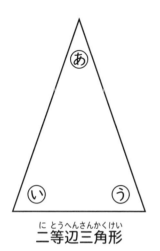

二等辺三角形

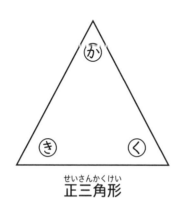

正三角形

① ・二等辺三角形の □ つの辺の長さは

等しく，□ つの角の大きさは同じです。

・正三角形の □ つの辺の長さは等しく，

□ つの角の大きさは同じです。

② 二等辺三角形で，角⊙と角の大きさが
等しいのは，どの角ですか。

角 □

③ 正三角形で，角⊛と角の大きさが
等しいのは，どの角とどの角ですか。

角 □ と 角 □

82

表とグラフ (1)

● 3年1組ですきなスポーツを調べました。

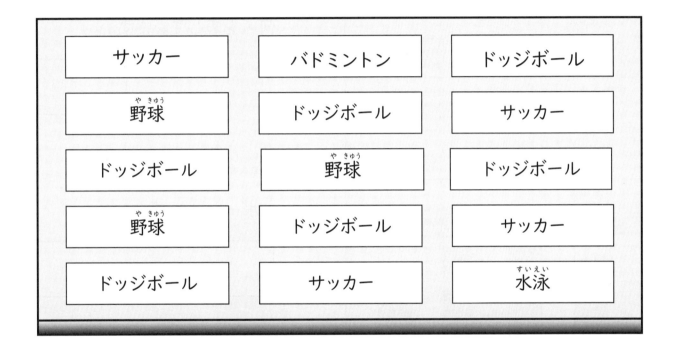

サッカー	バドミントン	ドッジボール
野球	ドッジボール	サッカー
ドッジボール	野球	ドッジボール
野球	ドッジボール	サッカー
ドッジボール	サッカー	水泳

正の字を使って数を調べよう。

サッカー	正正
野球	正正
ドッジボール	正正
バドミントン	正正
水泳	正正

数字で表してみよう。　↓

しゅるい	人数（人）
サッカー	4
野球	
ドッジボール	
その他	

人数の少ないものは「その他」にまとめるよ。

83

● すきなスポーツ調べの表をぼうグラフに表しました。

すきなスポーツ調べ

しゅるい	人数（人）
サッカー	4
野球	3
ドッジボール	6
その他	2

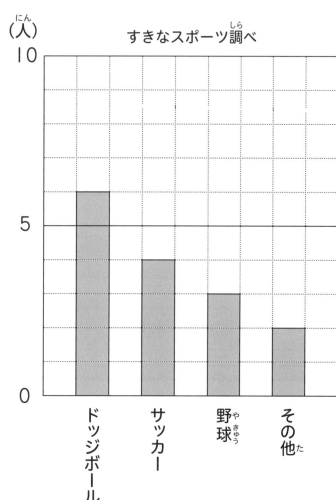

すきなスポーツ調べ

① グラフの1めもりは
何人を表していますか。

② いちばん人数が多い
スポーツは何ですか。

③ ドッジボールの人数は,
野球の人数より何人
多いですか。

人数の多いじゅんに
左からならべていくよ。
「その他」は
いちばんさいごになるよ。

表とグラフ (3)

● 下のぼうグラフは，3年生のすきな給食をグラフに表したものです。

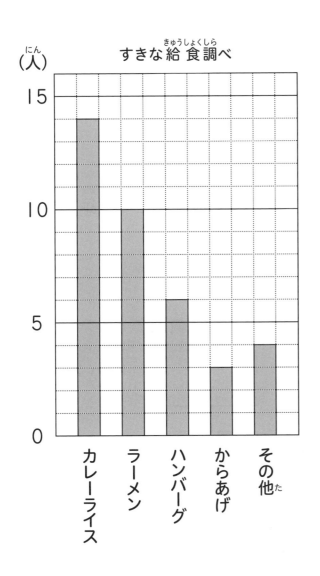

すきな給食調べ

① グラフの1めもりは何人を表していますか。

② 3ばんめに人数が多いメニューは何ですか。

③ それぞれのメニューの人数は何人ですか。

カレーライス　　　　　　人

ラーメン　　　　　　人

ハンバーグ　　　　　　人

からあげ　　　　　　人

表とグラフ (4)

● 下のぼうグラフは，前の１週間に学校でけがをした人数を学年ごとに表したものです。

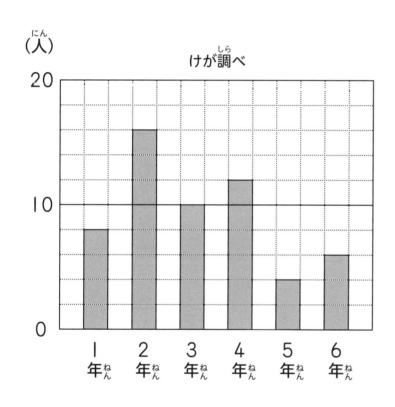

けが調べ

① グラフの１めもりは何人を表していますか。

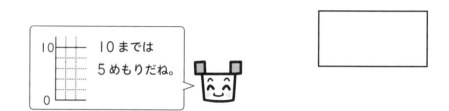

10までは
5めもりだね。

② けががいちばん多い学年は何年ですか。

□年

③ 次の学年の人数は何人ですか。

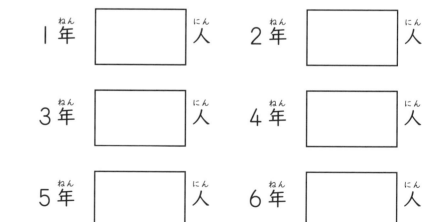

学年のように，じゅんじょがきまっているときは，
多いじゅんにならべないこともあるよ。

86

表とグラフ (5)

● 下の表は，3年生で
すきな動物を調べたものです。
ぼうグラフに表しましょう。

すきな動物調べ

しゅるい	人数（人）
ねこ	10
うさぎ	3
犬	12
パンダ	8
その他	4

数の多いじゅんに
書いていこう。
「その他」は
数が多くても
さいごに書くよ。

（人）

5

0

犬　その他

グラフのかき方

❶ （　）にしゅるいを
かく。

❷ □にめもりの数と
たんいを書く。

❸ 数に合わせて
ぼうをかく。

❹ ____に
表題を書く。

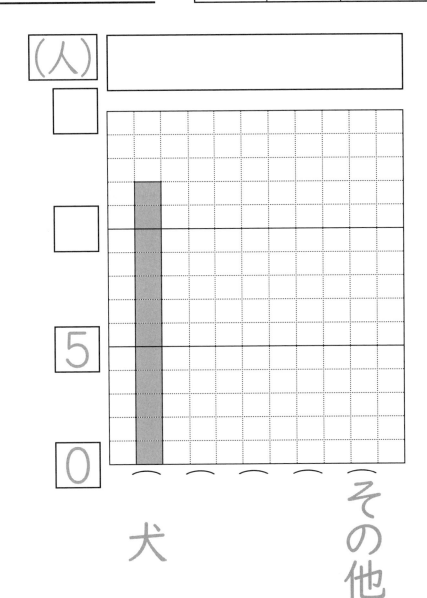

表^{ひょう}とグラフ （6）

● 下^{した}の表^{ひょう}は，前^{まえ}の１週間^{しゅうかん}に，

まさきさんがサッカーの練習^{れんしゅう}をした時間^{じかん}を

調^{しら}べたものです。

ぼうグラフに表^{あらわ}しましょう。

サッカーの練習時間調^{れんしゅうじかんしら}べ

曜日^{ようび}	時間^{じかん}（分^{ふん}）
日^{にち}	55
月^{げつ}	20
火^か	30
水^{すい}	35
木^{もく}	15
金^{きん}	40
土^ど	60

１めもりは 5分^{ふん}だね。

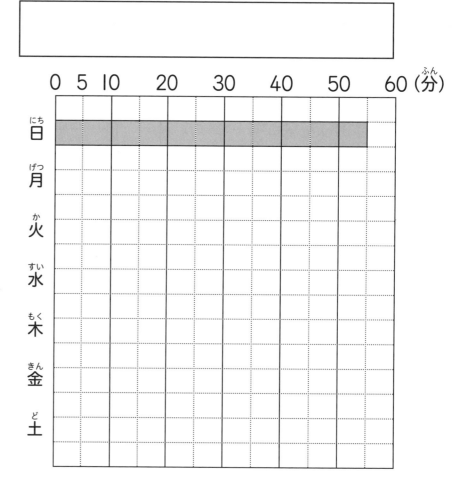

表とグラフ (7)

		名　前
月	日	

● 右の表は，遠足で行きたい場所を 3 年生で調べたものです。

① 右のあの表の 2 組と 3 組の人数の合計を書きましょう。

② あの 3 つの表を，いの 1 つの表に整理しましょう。

③ 3 年生全体で行きたい場所がいちばん多かったのはどこですか。

あ

遠足で行きたい場所 (1組)

場所	人数（人）
水族館	6
遊園地	10
動物園	5
その他	4
合　計	25

遠足で行きたい場所 (2組)

場所	人数（人）
水族館	4
遊園地	8
動物園	9
その他	6
合　計	

遠足で行きたい場所 (3組)

場所	人数（人）
水族館	8
遊園地	8
動物園	7
その他	3
合　計	

い

遠足で行きたい場所

場所　　組	1組	2組	3組	合計（人）	
水族館	6	4	8	18	6+4+8
遊園地	10				
動物園	5				
その他	4				
合　計	25			78	

6+10+5+4

たてにたしても，横にたしても 78 になったかな。

89

倍の計算 (1)

● 赤色のテープは 3cm です。

青色のテープは，赤色のテープの 4 倍の長さです。

青色のテープは何 cm ですか。

① 4 倍の長さに色をぬりましょう。

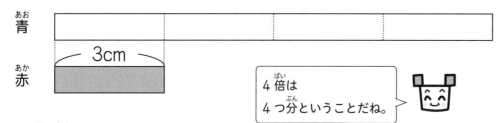

4 倍は
4 つ分ということだね。

② 計算でもとめましょう。

赤の 4 倍が 青
3 × 4 = □
(cm) (倍) (cm)

式　□ × □ = □

答え　□ cm

● 青色のテープは 6cm です。

白色のテープは，青色のテープの

3 倍の長さです。

白色のテープは何 cm ですか。

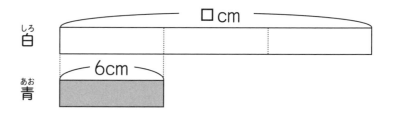

青の 3 倍が 白
6 × 3 = □
(cm) (倍) (cm)

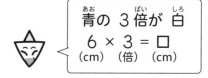

式　□

答え　□ cm

倍の計算 (2)

● ペンの長さは 10cm です。

　消しゴムの長さは 2cm です。

　ペンの長さは，消しゴムの長さの何倍ですか。

① 10cm を 2cm ずつに分けてみましょう。

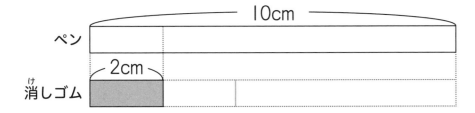

② 計算でもとめましょう。

消しゴムの □倍が ペン
2 × □ = 10
(cm)　(倍)　(cm)

式

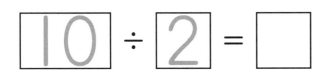

$10 \div 2 = \boxed{}$

答え $\boxed{}$ 倍

● えんぴつの長さは 18cm です。

　消しゴムの長さは 3cm です。

　えんぴつの長さは，消しゴムの長さの何倍ですか。

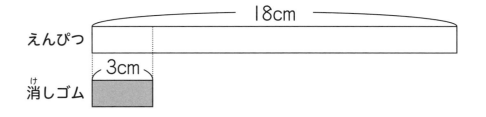

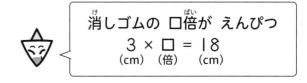

消しゴムの □倍が えんぴつ
3 × □ = 18
(cm)　(倍)　(cm)

式

答え $\boxed{}$ 倍

倍の計算 (3)

● キャップを使ってえんぴつの長さをはかりました。

えんぴつの長さは，キャップの長さの 3 倍で，

12cm でした。キャップは何 cm ですか。

① キャップの長さを図に表しましょう。

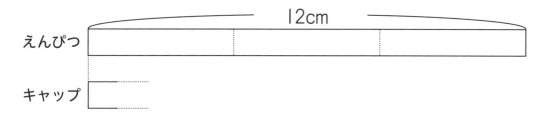

② 計算でもとめましょう。

キャップの 3 倍が えんぴつ
□ × 3 ＝ 12
(cm)　(倍)　(cm)

式　12 ÷ 3 ＝ □

答え ▢ cm

● のりを使ってつくえのたての長さを

はかりました。

つくえのたての長さは，のりの長さの

5 倍で，40cm でした。

のりは何 cm ですか。

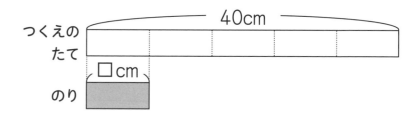

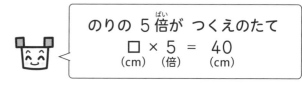

のりの 5 倍が つくえのたて
□ × 5 ＝ 40
(cm)　(倍)　(cm)

式 ▢

答え ▢ cm

倍の計算 (4)

● みかんが 28 こあります。

　りんごが 4 こあります。

　みかんの数は，りんごの数の何倍ですか。

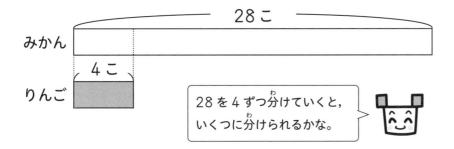

28 を 4 ずつ分けていくと，
いくつに分けられるかな。

かけ算の式で表すと　　4 × □ = 28
　　　　　　　　　　　（こ）（倍）（こ）

式

答え　□　倍

● りささんは，貝を 8 こ拾いました。

　お姉さんは，りささんの 6 倍の数の貝を拾いました。

　お姉さんは貝を何こ拾いましたか。

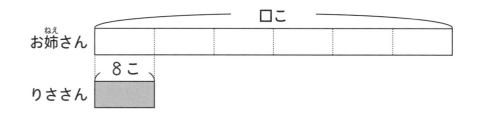

かけ算の式で表すと　　8 × 6 = □
　　　　　　　　　　　（こ）（倍）（こ）

式

答え　□　こ

倍の計算 (5)

● クッキーとドーナツがあります。

クッキーの数は，ドーナツの数の 4 倍で，

32 こあります。ドーナツは何こありますか。

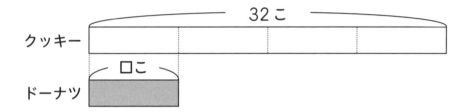

かけ算の式で表すと　　□ × 4 = 32
　　　　　　　　　　　　（こ）（倍）（こ）

式

答え 　　　こ

● 水そうには，水が 30L 入ります。

バケツには，水が 6L 入ります。

水そうの水は，バケツの水の何倍ですか。

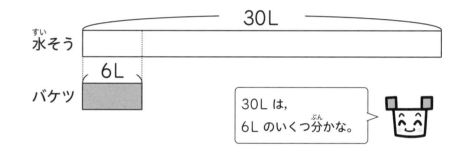

30L は，
6L のいくつ分かな。

かけ算の式で表すと　　6 × □ = 30
　　　　　　　　　　　　（こ）（倍）（こ）

式

答え 　　　倍

94

□を使った式 (1)

● バスに 15 人乗っています。
次のバスていで何人か乗ってきました。
バスの中は全部で 23 人になりました。

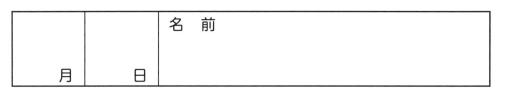

わからない数を□として
式に表し，
□をもとめよう。

❶ わからない数を□として，文章のとおりに
式に表す。

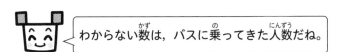

わからない数は，バスに乗ってきた人数だね。

式

はじめに
乗っていた人数　　乗ってきた人数　　全部の人数

$$(15) + (\square) = (23)$$

❷ 式を図に表す。

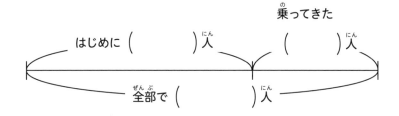

乗ってきた
はじめに (　　) 人　　(　　) 人
全部で (　　) 人

❸ □をもとめる式を立てて
□をもとめる。

□は，ひき算でもとめられるね。

式

$$(　　) - (　　) = (　　)$$

$$\square = (　　)$$

95

□を使った式 (2)

● わからない数を□としてたし算の式に表し，□にあてはまる数を計算でもとめましょう。

はるとさんは，カードを 14 まい持っています。
お兄さんから何まいかもらったので，
カードは全部で 20 まいになりました。

❶ □を使ってたし算の式に表す

式　はじめのカードの数　　もらった数　　全部の数

（　　　　）＋（　　　　）＝（　　　　）

❷ 図に表す

はじめに（　　　）まい　　もらった（　　　）まい

全部で（　　　）まい

❸ □をもとめる

式　（　　　　）－（　　　　）＝（　　　　）

□＝（　　　　）

たまごが何こかありました。
9 こ買ってきたので，
たまごは全部で 15 こになりました。

❶ □を使ってたし算の式に表す

式　はじめのたまごの数　　買ってきた数　　全部の数

（　　　　）＋（　　　　）＝（　　　　）

❷ 図に表す

はじめに（　　　）こ　　買ってきた（　　　）こ

全部で（　　　）こ

❸ □をもとめる

式　（　　　　）－（　　　　）＝（　　　　）

□＝（　　　　）

□を使った式 (3)

● いちごが何こかありました。

ゆいさんはおやつに 7 こ食べました。

のこりは 8 こになりました。

❶ わからない数を□として，文章のとおりに式に表す。

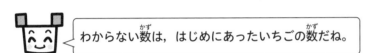
わからない数は，はじめにあったいちごの数だね。

式

| はじめの いちごの数 | 食べた数 | のこりの数 |

$$(\square) - (7) = (8)$$

❷ 式を図に表す。

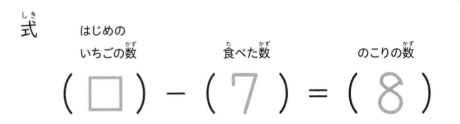
はじめに（　　　）こ
食べた（　　　）こ　　のこり（　　　）こ

❸ □をもとめる式を立てて□をもとめる。

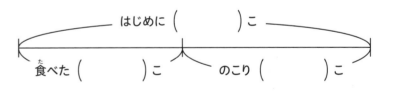
□は，たし算でもとめられるね。

式

$$(　　) + (　　) = (　　)$$

$$\square = (　　)$$

□を使った式 (4)

● わからない数を□としてひき算の式に表し，□にあてはまる数を計算でもとめましょう。

公園に子どもが何人かいました。
6人帰ったので，
のこりが12人になりました。

❶ □を使ってひき算の式に表す

式　はじめの人数　　帰った人数　　のこりの人数

$$(\quad) - (\quad) = (\quad)$$

❷ 図に表す

はじめに (　　) 人

帰った (　　) 人　　のこり (　　) 人

❸ □をもとめる

式　$(\quad) + (\quad) = (\quad)$

$$□ = (\quad)$$

しおりさんは色紙を25まい持っていました。
妹に何まいかあげたので，
のこりが16まいになりました。

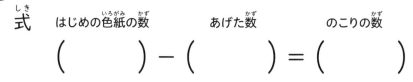

❶ □を使ってひき算の式に表す

式　はじめの色紙の数　　あげた数　　のこりの数

$$(\quad) - (\quad) = (\quad)$$

❷ 図に表す

はじめに (　　) まい

あげた (　　) まい　　のこり (　　) まい

❸ □をもとめる

式　$(\quad) - (\quad) = (\quad)$

$$□ = (\quad)$$

□を使った式 (5)

● わからない数を□としてかけ算の式に表し，□にあてはまる数を計算でもとめましょう。

同じ本数ずつ入ったえんぴつの箱が 5箱あります。

えんぴつは全部で 15 本です。

❶ □を使ってかけ算の式に表す

式　1箱分のえんぴつの数　箱の数　全部の数

$(\square) \times (5) = (15)$

❷ 図に表す

全部で (　　　)本

□本

0　　1　　　　　　　　5箱

❸ □をもとめる

式　$(\quad) \div (\quad) = (\quad)$

$\square = (\quad)$

子どもが 5 人ずつ何台かの 車に乗ります。

子どもは全部で 30 人です。

❶ □を使ってかけ算の式に表す

式　1台分の人数　車の数　全部の人数

$(5) \times (\square) = (30)$

❷ 図に表す

全部で (　　　)人

5人

0　　1　　　　　　　□台

❸ □をもとめる

式　$(\quad) \div (\quad) = (\quad)$

$\square = (\quad)$

□を使った式 (6)

名 前　　月　日

● わからない数を□としてわり算の式に表し，□にあてはまる数を計算でもとめましょう。

みかんが 20 こあります。
同じ数ずつ分けると，
4 人に分けることができました。

❶　□を使ってわり算の式に表す

式　全部の数　　1人分の数　　人数

$$(20) ÷ (□) = (4)$$

❷　図に表す

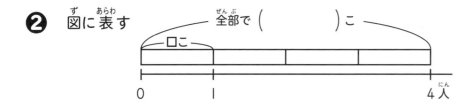

全部で ( ) こ

□こ

0　1　　　　　　　4人

❸　□をもとめる

式　$$(\quad) ÷ (\quad) = (\quad)$$

$$□ = (\quad)$$

クッキーが 56 こやけました。
同じ数ずつふくろにつめると，
7 ふくろできました。

❶　□を使ってわり算の式に表す

式　全部の数　　1ふくろ分の数　　ふくろの数

$$(\quad) ÷ (\quad) = (\quad)$$

❷　図に表す

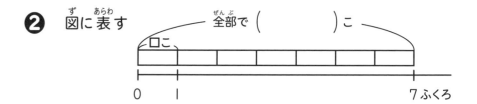

全部で ( ) こ

□こ

0　1　　　　　　　7ふくろ

❸　□をもとめる

式　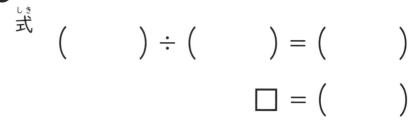

$$(\quad) ÷ (\quad) = (\quad)$$

$$□ = (\quad)$$

□を使った式 (7)

● □にあてはまる数をもとめましょう。

□をもとめる式も書いてみよう。

① $18 + □ = 24$

式 $(24 - 18 = 6)$　□ = (6)

② $□ + 35 = 50$

式 (　　　　　　　)　□ = (　　)

③ $□ - 9 = 16$

式 (　　　　　　　)　□ = (　　)

④ $42 - □ = 30$

式 (　　　　　　　)　□ = (　　)

● □にあてはまる数をもとめましょう。

① $□ × 7 = 42$　□ = (　　)

② $□ × 4 = 32$　□ = (　　)

③ $□ × 6 = 36$　□ = (　　)

④ $9 × □ = 63$　□ = (　　)

⑤ $7 × □ = 21$　□ = (　　)

P.4

1けたをかける かけ算の筆算 (1)
2けた×1けた くり上がりなし

名前　月　日

● 32×3を 筆算でしましょう。

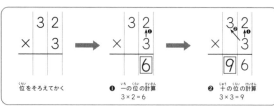

位をそろえてかく　　❶一の位の計算 3×2＝6　　❷十の位の計算 3×3＝9

同じように筆算をしてみよう。

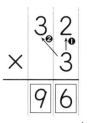

```
  3 2
×   3
─────
  9 6
```

```
  3 2
×   3
─────
  9 6
```

P.5

1けたをかける かけ算の筆算 (2)
2けた×1けた くり上がりなし

名前　月　日

● 筆算でしましょう。

① 13×2

一の位からじゅんに計算しよう。

```
  1 3
×   2
─────
  2 6
```

③ 34×2

```
  3 4
×   2
─────
  6 8
```

② 21×4

```
  2 1
×   4
─────
  8 4
```

④ 20×3

```
  2 0
×   3
─────
  6 0
```

P.6

1けたをかける かけ算の筆算 (3)
2けた×1けた くり上がり1回

名前　月　日

● 18×3を筆算でしましょう。

```
  1 8
× ³² 3
─────
  5 4
```

❶ 3×8＝24 十の位に ②くり上げる。
❷ 3×1＝③ ③＋②＝5

● 32×4を筆算でしましょう。

```
  3 2
×   4
─────
1 2 8
```

❶ 4×2＝8
❷ 4×3＝12 百の位に 1くり上げる。

同じようにやってみよう。

```
  1 8
×   3
─────
  5 4
```

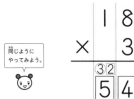

```
  3 2
×   4
─────
1 2 8
```

P.7

1けたをかける かけ算の筆算 (4)
2けた×1けた くり上がり1回

名前　月　日

● 筆算でしましょう。

① 26×3

くり上げた数をたすのをわすれないでね。

```
  2 6
×   3
─────
  7 8
```

③ 41×7

```
  4 1
×   7
─────
2 8 7
```

② 37×2

```
  3 7
×   2
─────
  7 4
```

④ 62×3

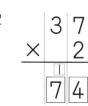

```
  6 2
×   3
─────
1 8 6
```

P.8

1 けたをかける
かけ算の筆算（5）
2 けた × 1 けた くり上がり 2 回

	名前
月　日	

● 56×3 を筆算でしましょう。

- ❶ 3×6 = 18
  十の位に 1 くり上げる。
- ❷ 3×5 = 15
  15 + 1 = 16
  百の位に 1 くり上げる。

$$\begin{array}{r} 5\;6 \\ \times\quad 3 \\ \hline 1\;6\;8 \end{array}$$

● 27×8 を筆算でしましょう。

- ❶ 8×7 = 56
  十の位に 5 くり上げる。
- ❷ 8×2 = 16
  16 + 5 = 21
  百の位に 2 くり上げる。

$$\begin{array}{r} 2\;7 \\ \times\quad 8 \\ \hline 2\;1\;6 \end{array}$$

8

P.9

1 けたをかける
かけ算の筆算（6）
2 けた × 1 けた くり上がり 2 回

	名前
月　日	

● 筆算でしましょう。

① 42×7

くり上げた
数をたすのを
わすれないでね。

$$\begin{array}{r} 4\;2 \\ \times\quad 7 \\ \hline 2\;9\;4 \end{array}$$

③ 63×8

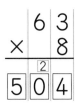

$$\begin{array}{r} 6\;3 \\ \times\quad 8 \\ \hline 5\;0\;4 \end{array}$$

② 58×5

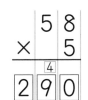

$$\begin{array}{r} 5\;8 \\ \times\quad 5 \\ \hline 2\;9\;0 \end{array}$$

④ 36×9

$$\begin{array}{r} 3\;6 \\ \times\quad 9 \\ \hline 3\;2\;4 \end{array}$$

9

P.10

1 けたをかける
かけ算の筆算（7）
2 けた × 1 けた

	名前
月　日	

● 筆算でしましょう。

① 27×2

$$\begin{array}{r} 2\;7 \\ \times\quad 2 \\ \hline 5\;4 \end{array}$$

② 50×7

$$\begin{array}{r} 5\;0 \\ \times\quad 7 \\ \hline 3\;5\;0 \end{array}$$

③ 38×6

$$\begin{array}{r} 3\;8 \\ \times\quad 6 \\ \hline 2\;2\;8 \end{array}$$

④ 73×4

$$\begin{array}{r} 7\;3 \\ \times\quad 4 \\ \hline 2\;9\;2 \end{array}$$

⑤ 45×5

$$\begin{array}{r} 4\;5 \\ \times\quad 5 \\ \hline 2\;2\;5 \end{array}$$

10

P.11

1 けたをかける
かけ算の筆算（8）
2 けた × 1 けた

	名前
月　日	

● 筆算でしましょう。

① 57×4

$$\begin{array}{r} 5\;7 \\ \times\quad 4 \\ \hline 2\;2\;8 \end{array}$$

② 19×6

$$\begin{array}{r} 1\;9 \\ \times\quad 6 \\ \hline 1\;1\;4 \end{array}$$

③ 83×3

$$\begin{array}{r} 8\;3 \\ \times\quad 3 \\ \hline 2\;4\;9 \end{array}$$

④ 64×5

$$\begin{array}{r} 6\;4 \\ \times\quad 5 \\ \hline 3\;2\;0 \end{array}$$

⑤ 48×4

$$\begin{array}{r} 4\;8 \\ \times\quad 4 \\ \hline 1\;9\;2 \end{array}$$

11

P.12

1けたをかける　かけ算の筆算 (9)
3けた×1けた　くり上がりなし　くり上がり1回

名前　月　日

● 312×3を筆算でしましょう。

一の位からじゅんに計算していこう。

❶ 3×2 = 6
❷ 3×1 = 3
❸ 3×3 = 9

練習しましょう。

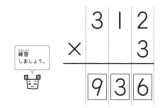

```
   3 1 2
 ×     3
 ─────────
   9 3 6
```

● 123×4を筆算でしましょう。

❶ 4×3 = 12
　十の位に1くり上げる。
❷ 4×2 = 8
　8 + 1 = 9
❸ 4×1 = 4

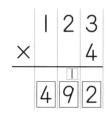

```
   1 2 3
 ×     4
 ─────────
   4 9 2
```

12

P.13

1けたをかける　かけ算の筆算 (10)
3けた×1けた　くり上がりなし　くり上がり1回

名前　月　日

● 筆算でしましょう。

① 240×2

❶, ❷, ❸のじゅんに計算しよう。

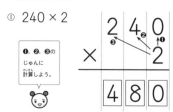

```
   2 4 0
 ×     2
 ─────────
   4 8 0
```

③ 318×3

```
   3 1 8
 ×     3
 ─────────
   9 5 4
```

② 112×4

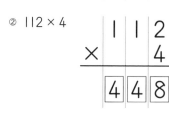

```
   1 1 2
 ×     4
 ─────────
   4 4 8
```

④ 425×2

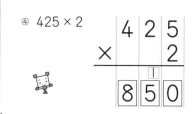

```
   4 2 5
 ×     2
 ─────────
   8 5 0
```

13

P.14

1けたをかける　かけ算の筆算 (11)
3けた×1けた　くり上がり1回・2回

名前　月　日

● 284×2を筆算でしましょう。

❶ 2×4 = 8
❷ 2×8 = 16
　百の位に1くり上げる。
❸ 2×2 = 4
　4 + 1 = 5

練習しましょう。

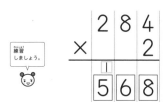

```
   2 8 4
 ×     2
 ─────────
   5 6 8
```

● 176×3を筆算でしましょう。

❶ 3×6 = 18
　十の位に1くり上げる。
❷ 3×7 = 21
　21 + 1 = 22
　百の位に2くり上げる。
❸ 3×1 = 3
　3 + 2 = 5

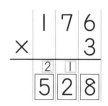

```
   1 7 6
 ×     3
 ─────────
   5 2 8
```

14

P.15

1けたをかける　かけ算の筆算 (12)
3けた×1けた　くり上がり1回・2回

名前　月　日

● 筆算でしましょう。

① 473×2

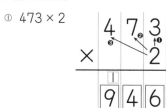

```
   4 7 3
 ×     2
 ─────────
   9 4 6
```

③ 248×3

```
   2 4 8
 ×     3
 ─────────
   7 4 4
```

② 190×5

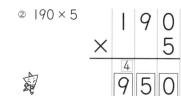

```
   1 9 0
 ×     5
 ─────────
   9 5 0
```

④ 456×2

```
   4 5 6
 ×     2
 ─────────
   9 1 2
```

15

P.16

1けたをかける
かけ算の筆算（13）
3けた×1けた
答えが4けた

月	日	名　前

● 724×3を筆算でしましょう。

❶ 3×4 = 12
　十の位に 1 くり上げる。
❷ 3×2 = 6
　6 + 1 = 7
❸ 3×7 = 21
　千の位に2くり上げる。

答えが
4けたに
なるね。

$$\begin{array}{r} 724 \\ \times \quad 3 \\ \hline 2172 \end{array}$$

● 638×4を筆算でしましょう。

❶ 4×8 = 32
　十の位に 3 くり上げる。
❷ 4×3 = 12
　12 + 3 = 15
　百の位に 1 くり上げる。
❸ 4×6 = 24
　24 + 1 = 25
　千の位に2くり上げる。

どの位でも
くり上がる
計算だね。

$$\begin{array}{r} 638 \\ \times \quad 4 \\ \hline 2552 \end{array}$$

16

P.17

1けたをかける
かけ算の筆算（14）
3けた×1けた
答えが4けた

月	日	名　前

● 筆算でしましょう。

① 562×4

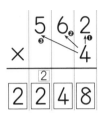

$$\begin{array}{r} 562 \\ \times \quad 4 \\ \hline 2248 \end{array}$$

② 816×2

$$\begin{array}{r} 816 \\ \times \quad 2 \\ \hline 1632 \end{array}$$

③ 475×3

$$\begin{array}{r} 475 \\ \times \quad 3 \\ \hline 1425 \end{array}$$

④ 632×8

$$\begin{array}{r} 632 \\ \times \quad 8 \\ \hline 5056 \end{array}$$

17

P.18

1けたをかける
かけ算の筆算（15）
3けた×1けた
かけられる数の
十の位が0

月	日	名　前

● 408×6を筆算でしましょう。

❶ 6×8 = 48
　十の位に4くり上げる。
❷ 6×0 = 0
　0 + 4 = 4
❸ 6×4 = 24
　千の位に2くり上げる。

十の位に
くり上げた4が
そのまま
答えになるね。

$$\begin{array}{r} 408 \\ \times \quad 6 \\ \hline 2448 \end{array}$$

①
$$\begin{array}{r} 703 \\ \times \quad 4 \\ \hline 2812 \end{array}$$

②
$$\begin{array}{r} 502 \\ \times \quad 7 \\ \hline 3514 \end{array}$$

18

P.19

1けたをかける
かけ算の筆算（16）
3けた×1けた

月	日	名　前

● 筆算でしましょう。

① 512×6

$$\begin{array}{r} 512 \\ \times \quad 6 \\ \hline 3072 \end{array}$$

② 162×3

$$\begin{array}{r} 162 \\ \times \quad 3 \\ \hline 486 \end{array}$$

③ 305×9

$$\begin{array}{r} 305 \\ \times \quad 9 \\ \hline 2745 \end{array}$$

④ 348×2

$$\begin{array}{r} 348 \\ \times \quad 2 \\ \hline 696 \end{array}$$

19

P.20

１けたをかける
かけ算の筆算（17） 3けた×1けた

名 前 ／ 月 日

● 筆算でしましょう。

① 175 × 5

```
    1 7 5
×       5
  ③ ②
  8 7 5
```

② 441 × 7

```
    4 4 1
×       7
    ②
3 0 8 7
```

③ 820 × 6

```
    8 2 0
×       6
  ①
4 9 2 0
```

④ 728 × 4

```
    7 2 8
×       4
  ① ③
2 9 1 2
```

P.21

１けたをかける
かけ算の筆算（18） 文章題

名 前 ／ 月 日

● 1台のバスに 52 人乗ることができます。
7 台では，全部で何人乗ることができますか。

式

1台分の人数		台数		全部の人数
52	×	**7**	=	**364**

筆算でしょう

```
    5 2
×     7
  ①
3 6 4
```

答え **364** 人

● 動物園の入園料は 1 人 430 円です。
8 人分ではいくらになりますか。

式

1人分の代金		人数		全部の代金
430	×	**8**	=	**3440**

筆算でしょう

```
    4 3 0
×       8
    ②
3 4 4 0
```

答え **3440** 円

P.22

小 数（1）

名 前 ／ 月 日

● 下の水のかさは何 L ですか。

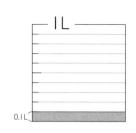

🐼 1L を 10 等分した 1 こ分のかさを
0.1L（れい点一リットル）といいます。

0.1 L

● 次の水のかさは何 L ですか。

①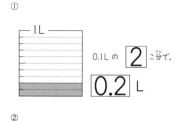

0.1L の **2** こ分で，

0.2 L

②

0.1L の **7** こ分で，

0.7 L

P.23

小 数（2）

名 前 ／ 月 日

● 下の水のかさは何 L ですか。

1L 1L
0.5L
1.5L

🐻 1L と 0.5L をあわせたかさを
1.5L（一点五リットル）といいます。

1.5 L

● 次の水のかさは何 L ですか。

①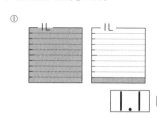

1L 1L

1.1 L

②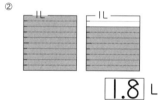

1L 1L

1.8 L

P.24

小数 (3)

	名前
月　日	

● 次の水のかさだけ色をぬりましょう。

① 0.6L

0.1Lの6こ分だね。

③ 1.7L

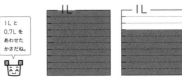

1Lと0.7Lをあわせたかさだね。

② 0.3L

④ 1.2L

24

P.25

小数 (4)

	名前
月　日	

● 次のかさを小数で表しましょう。

① 1dL = $\boxed{0.1}$ L

1dLは，1Lを10等分した1こ分のかさだね。

② 1L 6dL = $\boxed{1.6}$ L

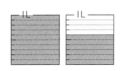

● 次のかさを L や dL を使って表しましょう。

① 0.9L = $\boxed{9}$ dL

② 2.5L = $\boxed{2}$ L $\boxed{5}$ dL

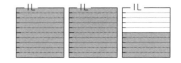

25

P.26

小数 (5)

	名前
月　日	

● 次のテープの長さは何 cm ですか。

①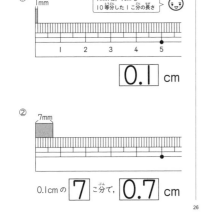

1mmは，1cmを10等分した1こ分の長さ

$\boxed{0.1}$ cm

③ 2cm 5mm

2cmと $\boxed{0.5}$ cmで，$\boxed{2.5}$ cm

② 7mm

0.1cmの $\boxed{7}$ こ分で，$\boxed{0.7}$ cm

④ 4cm 2mm

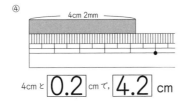

4cmと $\boxed{0.2}$ cmで，$\boxed{4.2}$ cm

26

P.27

小数 (6)

	名前
月　日	

● ものさしの左からア，イ，ウ，エまでの長さをもとめましょう。

① （　）にア～エの長さを書きましょう。

0.1cm　ア（9 mm）　イ（3 cm 6 mm）　ウ（7 cm 4 mm）　エ（10 cm 8 mm）

② ア～エの長さを cm だけで表しましょう。

ア $\boxed{0.9}$ cm

イ $\boxed{3.6}$ cm

ウ $\boxed{7.4}$ cm

エ $\boxed{10.8}$ cm

27

107

P.28

小　数 (7)

	名 前	
月	日	

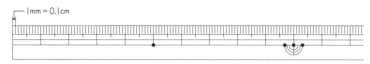

1mm＝0.1cm

● 次の長さを小数で表しましょう。

① 8mm ＝ **0.8** cm

② 5cm 9mm ＝ **5.9** cm

③ 11cm 3mm ＝ **11.3** cm

● 次の長さを cm や mm を使って表しましょう。

① 0.4cm ＝ **4** mm

② 7.1cm ＝ **7** cm **1** mm

③ 10.6cm ＝ **10** cm **6** mm

28

P.29

小　数 (8)

	名 前	
月	日	

● 次の数直線で，ア～エの↑が表している小数を書きましょう。

0.4 **1.1** **3.3** **4.8**

● 次の数を表すめもりに↑をかきましょう。

ア 0.6　　イ 2.4　　ウ 3.9　　エ 5.1

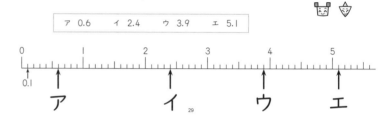

ア　　イ　　ウ　　エ

29

P.30

小　数 (9)

	名 前	
月	日	

● 数直線を見て，□にあてはまる数を書きましょう。

① 1は，0.1を **10** こ集めた数です。

② 2は，0.1を **20** こ集めた数です。

③ 1.8は，0.1を **18** こ集めた数です。

④ 3.4は，0.1を **34** こ集めた数です。

⑤ 4.6は，0.1を **46** こ集めた数です。

30

P.31

小　数 (10)

	名 前	
月	日	

● 数直線を見て，□にあてはまる数を書きましょう。

① 0.1を10こ集めた数は **1** です。

② 0.1を30こ集めた数は **3** です。

③ 0.1を25こ集めた数は **2.5** です。

④ 0.1を38こ集めた数は **3.8** です。

⑤ 0.1を51こ集めた数は **5.1** です。

31

P.32

小数 (11)

		月		日		名前

● 26.8 という数について □ にあてはまる
数を書きましょう。

小数点の右の位を小数第一位といいます。

十の位	一の位	小数第一位
2	6 .	8

↑ 小数点

① 26.8 は，10 を **2** こ，1 を **6** こ，
0.1 を **8** こあわせた数です。

② 26.8 の小数第一位の数字は **8** です。

③ 26.8 は，26 と **0.8** をあわせた
数です。

● 156.3 という数について □ にあてはまる
数を書きましょう。

百の位	十の位	一の位	小数第一位
1	5	6 .	3

① 156.3 は，100 を **1** こ，
10 を **5** こ，1 を **6** こ，
0.1 を **3** こあわせた数です。

② 156.3 の小数第一位の数字は **3** です。

32

P.33

小数 (12)

		月		日		名前

● □ にあてはまる不等号（＞，＜）をかきましょう。

① 0.9 **＜** 1.3

② 4.8 **＜** 5.2

③ 3.2 **＞** 3

④ 0 **＜** 0.1

● 次の３つの数を大きいじゅんにならべましょう。

① | 1.2 | 0.6 | 2.1 |

(2.1) ➡ (1.2) ➡ (0.6)
大きい　　　　　　　　小さい

② | 0.7 | 1.5 | 0 |

(1.5) ➡ (0.7) ➡ (0)
大きい　　　　　　　　小さい

数直線では，右にいくほど数が大きくなるよ。

0   1   2   3   4   5

33

P.34

小数 (13) 小数のたし算

		月		日		名前

● ペットボトルにジュースが 0.5L 入っています。
びんにジュースが 0.3L 入っています。
あわせて何 L ありますか。

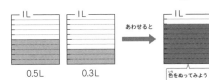

0.5L　　0.3L　　あわせると
色をぬってみよう

式　0.5 + 0.3 = **0.8**

答え **0.8** L

● 計算をしましょう。

① 0.2 + 0.7 = **0.9**

② 0.6 + 0.4 = **1**

③ 0.8 + 0.5 = **1.3**

④ 0.9 − 0.5 = **0.4**

⑤ 1.4 − 0.8 = **0.6**

⑥ 1 − 0.2 = **0.8**

34

P.35

小数 (14) 小数のたし算

		月		日		名前

● 3.7 + 2.8 を筆算でしましょう。

 やってみよう

筆算のしかた

❶ 位をそろえてかく。
❷ 整数の筆算と同じように計算する。
❸ 上の小数点にそろえて
答えの小数点をうつ。

```
   3 . 7
 + 2 . 8
   6 . 5
```

```
    3.7
  + 2.8
    6.5
```

①
```
    5.4
  + 4.3
    9.7
```

②
```
    6.5
  + 7.8
   14.3
```

③
```
    8.7
  + 0.9
    9.6
```

35

109

P.36

小 数 (15)　小数のたし算・ひき算

月	日	名 前

● 筆算でしましょう。　［位をそろえてたす数をかこう。］

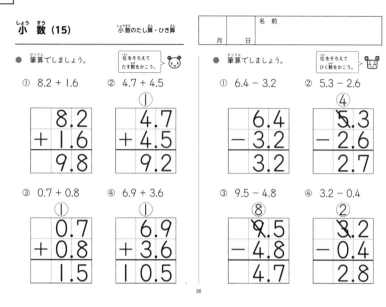

① 8.2 + 1.6

$$\begin{array}{r} 8.2 \\ + 1.6 \\ \hline 9.8 \end{array}$$

② 4.7 + 4.5 （①）

$$\begin{array}{r} 4.7 \\ + 4.5 \\ \hline 9.2 \end{array}$$

③ 0.7 + 0.8 （①）

$$\begin{array}{r} 0.7 \\ + 0.8 \\ \hline 1.5 \end{array}$$

④ 6.9 + 3.6 （①）

$$\begin{array}{r} 6.9 \\ + 3.6 \\ \hline 10.5 \end{array}$$

● 筆算でしましょう。　［位をそろえてひく数をかこう。］

① 6.4 - 3.2

$$\begin{array}{r} 6.4 \\ - 3.2 \\ \hline 3.2 \end{array}$$

② 5.3 - 2.6 （④）

$$\begin{array}{r} 5.3 \\ - 2.6 \\ \hline 2.7 \end{array}$$

③ 9.5 - 4.8 （⑧）

$$\begin{array}{r} 9.5 \\ - 4.8 \\ \hline 4.7 \end{array}$$

④ 3.2 - 0.4 （②）

$$\begin{array}{r} 3.2 \\ - 0.4 \\ \hline 2.8 \end{array}$$

36

P.37

小 数 (16)　小数のたし算・ひき算

月	日	名 前

● 筆算でしましょう。

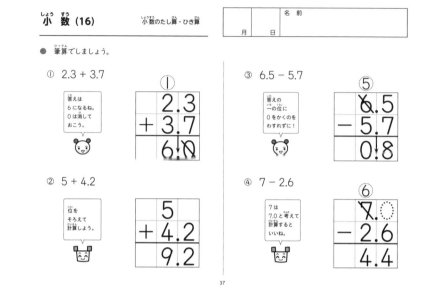

① 2.3 + 3.7 （①）

［答えは6になるね。0は消しておこう。］

$$\begin{array}{r} 2.3 \\ + 3.7 \\ \hline 6.0 \end{array}$$

② 5 + 4.2

［位をそろえて計算しよう。］

$$\begin{array}{r} 5 \\ + 4.2 \\ \hline 9.2 \end{array}$$

③ 6.5 - 5.7 （⑤）

［答えの一の位に0をかくのをわすれずに！］

$$\begin{array}{r} 6.5 \\ - 5.7 \\ \hline 0.8 \end{array}$$

④ 7 - 2.6 （⑥）

［7は7.0と考えて計算するといいね。］

$$\begin{array}{r} 7.0 \\ - 2.6 \\ \hline 4.4 \end{array}$$

37

P.38

小 数 (17)　小数のたし算・ひき算

月	日	名 前

● 筆算でしましょう。　［位をそろえてたす数をかこう。］

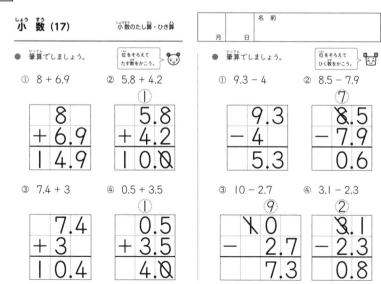

① 8 + 6.9

$$\begin{array}{r} 8 \\ + 6.9 \\ \hline 14.9 \end{array}$$

② 5.8 + 4.2 （①）

$$\begin{array}{r} 5.8 \\ + 4.2 \\ \hline 10.0 \end{array}$$

③ 7.4 + 3

$$\begin{array}{r} 7.4 \\ + 3 \\ \hline 10.4 \end{array}$$

④ 0.5 + 3.5 （①）

$$\begin{array}{r} 0.5 \\ + 3.5 \\ \hline 4.0 \end{array}$$

● 筆算でしましょう。　［位をそろえてひく数をかこう。］

① 9.3 - 4

$$\begin{array}{r} 9.3 \\ - 4 \\ \hline 5.3 \end{array}$$

② 8.5 - 7.9 （⑦）

$$\begin{array}{r} 8.5 \\ - 7.9 \\ \hline 0.6 \end{array}$$

③ 10 - 2.7 （⑨）

$$\begin{array}{r} 10 \\ - 2.7 \\ \hline 7.3 \end{array}$$

④ 3.1 - 2.3 （②）

$$\begin{array}{r} 3.1 \\ - 2.3 \\ \hline 0.8 \end{array}$$

38

P.39

重 さ (1)

月	日	名 前

重さのたんいには，**グラム** があり，g と書きます。
｜1円玉｜この重さは 1g です。　（①）

● ペンは何 g ですか。

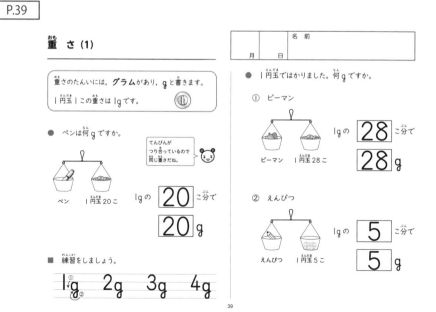

［てんびんがつり合っているので同じ重さだね。］

ペン　1円玉20こ

1g の ☐20☐ こ分で

☐20☐ g

■ 練習をしましょう。

① 1g　2g　3g　4g
② 1g

● 1円玉ではかりました。何 g ですか。

① ピーマン

ピーマン　1円玉28こ

1g の ☐28☐ こ分で

☐28☐ g

② えんぴつ

えんぴつ　1円玉5こ

1g の ☐5☐ こ分で

☐5☐ g

39

110

P.40

重 さ (2)

| | 月 | 日 | 名 前 |

● 消しゴムとクレヨンは，それぞれ何gですか。
また，どちらが何g重いですか。

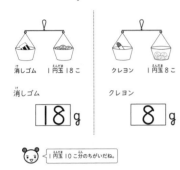

消しゴム　1円玉18こ　　クレヨン　1円玉8こ

消しゴム **18** g　　クレヨン **8** g

 1円玉10こ分のちがいだね。

消しゴム が **10** g重い。

● 食パンとたまごは，それぞれ何gですか。
また，どちらが何g重いですか。

食パン　1円玉60こ　　たまご　1円玉52こ

食パン **60** g　　たまご **52** g

食パン が **8** g重い。

40

P.41

重 さ (3)

| | 月 | 日 | 名 前 |

● はかりのめもりを調べましょう。

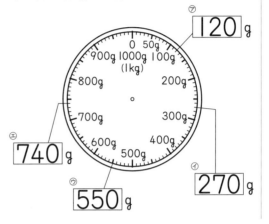

⑦ **120** g
④ **270** g
⑦ **550** g
㋧ **740** g

① いちばん小さい1めもりは何gを表していますか。
10 g

② このはかりでは，何gまではかれますか。
1000 g

③ ⑦～㋧のめもりは，何gを表していますか。
□に書きましょう。

41

P.42

重 さ (4)

| | 月 | 日 | 名 前 |

● 次の重さを表すめもりに↑をかきましょう。

1めもりは何gを表しているかな。

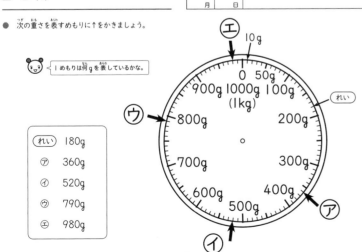

れい	180g
⑦	360g
④	520g
⑦	790g
㋧	980g

42

P.43

重 さ (5)

| | 月 | 日 | 名 前 |

● 重さは何gですか。

① じゃがいも
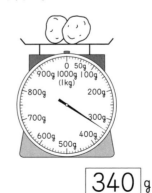
340 g

② バナナ
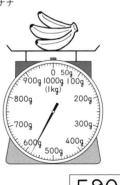
580 g

43

111

解答

児童に実施させる前に，必ず指導される方が問題を解いてください。本書の解答は，あくまでも１つの例です。指導される方の作られた解答をもとに，本書の解答例を参考に児童の多様な考えに寄り添って○つけをお願いします。

P.44

重さ (6)

	名 前
月　日	

重いものをはかるには，kg（キログラム）というたんいを使います。

$$1kg = 1000g$$

■ 練習をしましょう。

1kg	2kg	3kg

4kg	5kg	6kg

1kg = 1000 g

● じしょの重さをはかりました。

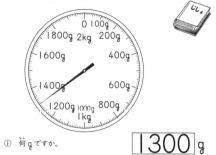

① 何 g ですか。

$$1300 g$$

② 何 kg 何 g ですか。

1000g は 1 kg なので，

$$1 kg 300 g$$

44

P.45

重さ (7)

	名 前
月　日	

● はりのさしている重さは何 g ですか。また，何 kg 何 g ですか。

① キャベツ

$$1100 g$$

$$1 kg 100 g$$

② 子犬

$$1800 g$$

$$1 kg 800 g$$

45

P.46

重さ (8)

	名 前
月　日	

● □にあてはまる数を書きましょう。

1kg = 1000g

① 3000 g = 3 kg

② 6700 g = 6 kg 700 g

③ 5080 g = 5 kg 80 g

④ 4 kg = 4000 g

⑤ 7 kg 350 g = 7350 g

● 重い方を通ってゴールまで行きましょう。

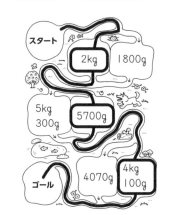

スタート

2kg　1800g

5kg 300g　5700g

ゴール　4070g　4kg 100g

46

P.47

重さ (9)

	名 前
月　日	

● 200g のかごに 650g のりんごを入れます。重さは何 g になりますか。

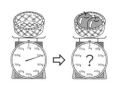

式

$$200 g + 650 g = 850 g$$

答え 850 g

● はやとさんの体重は 18kg です。お兄さんの体重は 32kg です。2 人の体重のちがいは何 kg ですか。

式

$$32 kg - 18 kg = 14 kg$$

答え 14 kg

47

P.48

重 さ (10)

		名 前	
月	日		

● 計算をしましょう。

① 1kg 200g + 2kg 500g = **3** kg **700** g

同じたんいの数どうしを計算するよ。

② 700g + 600g = **1300** g

③ 3kg 800g − 1kg 700g = **2** kg **100** g

④ 900g − 250g = **650** g

⑤ 1kg − 500g = **500** g

1kg = 1000g
⑤は，1000g − 500g と考えるよ。

48

P.49

重 さ (11)

		名 前	
月	日		

とても重いものの重さを表すたんいに t（トン）があります。　1t = 1000kg

● 次の重さを t と kg で表しましょう。

① ゾウ  5t = 5000kg

② キリン 2t = 2000kg

③ ヘリコプター 3t = 3000kg

● □ にあてはまる重さのたんい（t，kg，g）を書きましょう。

① すいか1玉の重さ …… 5 **kg**

② はがき1まいの重さ … 4 **g**

③ 自動車1台の重さ …… 2 **t**

④ ノート1さつの重さ … 130 **g**

⑤ 自転車1台の重さ …… 12 **kg**

49

P.50

分 数 (1)

		名 前	
月	日		

● 1mを3等分した1こ分の長さは何mですか。

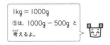

$\dfrac{1}{3}$ m

1mを3等分した1ぶんの長さを「三分の一メートル」といい，$\dfrac{1}{3}$ m と書きます。

■ 読みながら書いてみましょう。

③ …… $\dfrac{1}{3}$
① …… $\dfrac{1}{3}$　$\dfrac{1}{3}$　$\dfrac{1}{3}$　$\dfrac{1}{3}$
②

● 色をぬったところの長さは何mですか。

① 1mを4等分した1こ分の長さ

$\dfrac{1}{4}$ m

② 1mを7等分した1こ分の長さ

$\dfrac{1}{7}$ m

50

P.51

分 数 (2)

		名 前	
月	日		

● 色をぬったところの長さは何mですか。

① 1mを5等分した1こ分の長さ

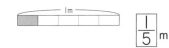

$\dfrac{1}{5}$ m

② 1mを5等分した2こ分の長さ

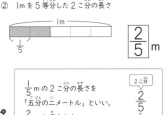

$\dfrac{1}{5}$

$\dfrac{2}{5}$ m

$\dfrac{1}{5}$ m の2こ分の長さを「五分の二メートル」といい，$\dfrac{2}{5}$ m と書きます。

2こ分
$\dfrac{2}{5}$
5等分した

● 色をぬったところの長さは何mですか。

① 1mを4等分した3こ分の長さ

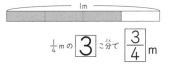

$\dfrac{1}{4}$ m の **3** こ分で $\dfrac{3}{4}$ m

② 1mを7等分した4こ分の長さ

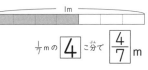

$\dfrac{1}{7}$ m の **4** こ分で $\dfrac{4}{7}$ m

51

113

P.52

分 数 (3)

月　日　名前

● 次の長さの分だけ色をぬりましょう。

① $\frac{1}{6}$ m

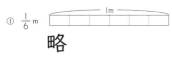

略

② $\frac{5}{8}$ m

③ $\frac{4}{5}$ m

分数の線の下の数を分母，上の数を分子といいます。 $\frac{4}{5}$ ……分子 / 分母

● □にあてはまる数を書きましょう。

① 1mを3等分した2こ分の長さは $\frac{2}{3}$ mです。

② 1mを10等分した7こ分の長さは $\frac{7}{10}$ mです。

③ $\frac{3}{5}$ mは，$\frac{1}{5}$ mの 3 こ分の長さです。

④ $\frac{5}{6}$ mは，$\frac{1}{6}$ mの 5 こ分の長さです。

52

P.53

分 数 (4)

月　日　名前

● 色をぬったところのかさは何 L ですか。

①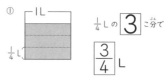

$\frac{1}{4}$ Lの 3 こ分で

$\frac{3}{4}$ L

1めもりは 1Lを4等分した 1こ分の大きさだね。

②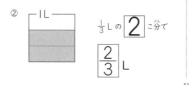

$\frac{1}{3}$ Lの 2 こ分で

$\frac{2}{3}$ L

③

$\frac{1}{5}$ Lの 2 こ分で

$\frac{2}{5}$ L

④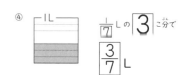

$\frac{1}{7}$ Lの 3 こ分で

$\frac{3}{7}$ L

⑤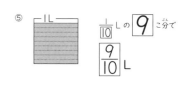

$\frac{1}{10}$ Lの 9 こ分で

$\frac{9}{10}$ L

53

P.54

分 数 (5)

月　日　名前

● 次のかさの分だけ色をぬりましょう。

① $\frac{1}{5}$ L

② $\frac{5}{6}$ L

③ $\frac{3}{8}$ L

● □にあてはまる数を書きましょう。

① 1Lを9等分した4こ分のかさは $\frac{4}{9}$ Lです。

② $\frac{5}{8}$ Lは，1Lを 8 等分した 5 こ分のかさです。

③ $\frac{6}{7}$ Lは，$\frac{1}{7}$ Lの 6 こ分のかさです。

④ $\frac{1}{10}$ Lの3こ分のかさは $\frac{3}{10}$ Lです。

54

P.55

分 数 (6)

月　日　名前

● 下の数直線は，0と1の間を7等分したものです。

⑦ $\frac{1}{7}$　④ $\frac{2}{7}$　⑨ $\frac{4}{7}$　④ $\frac{6}{7}$　④ $\frac{7}{7}$

① ⑦～④にあてはまる分数を書きましょう

② ④と④は，$\frac{1}{7}$ mの何こ分の長さですか。

④ 2 こ分　④ 6 こ分

③ 1mと同じ長さの分数を書きましょう。

1m ＝ $\frac{7}{7}$ m

■ □にあてはまる数を書きましょう。

① $\frac{5}{5}$ ＝ 1

② $\frac{6}{6}$ ＝ 1

③ $\frac{4}{4}$ ＝ 1

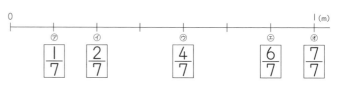
分母と分子が同じ数の分数は，1と同じ大きさだね。

55

P.56

分 数 (7)

	月	日	名 前

● □にあてはまる分数を書きましょう

0から1の間をそれぞれ何等分しているかな。

①

②

③

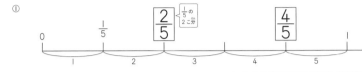

P.57

分 数 (8)

	月	日	名 前

● 下の数直線は，1を10等分したものです。□には分数で，□には小数で，それぞれあてはまる数を書きましょう。

同じ大きさの数を，分数と小数で表すことができるね。

$\frac{1}{10} = 0.1$

■ □にあてはまる小数や分数を書きましょう。

① $\frac{7}{10} = $ **0.7**　② $\frac{3}{10} = $ **0.3**　③ $0.5 = \frac{5}{10}$　④ $0.9 = \frac{9}{10}$

P.58

分 数 (9)

	月	日	名 前

● □にあてはまる等号や不等号を書きましょう。

① $\frac{4}{5}$ **>** $\frac{3}{5}$

② $\frac{2}{9}$ **<** $\frac{5}{9}$

③ 1 **=** $\frac{6}{6}$

④ $\frac{6}{7}$ **<** 1

⑤ 1 **=** $\frac{10}{10}$

分数の分母と分子が同じ数のときは，1と同じ大きさだったね。

$\frac{5}{5} = 1$

● □にあてはまる等号や不等号を書きましょう。

① $\frac{2}{10}$ **<** 0.4

② $\frac{7}{10}$ **<** 0.9

③ $\frac{1}{10}$ **=** 0.1

④ 0.8 **>** $\frac{5}{10}$

⑤ 0.6 **=** $\frac{6}{10}$

分数か小数どちらかにそろえてくらべよう。

P.59

分 数 (10)　分数のたし算

	月	日	名 前

● やかんにお茶が $\frac{2}{5}$ L 入っています。
ペットボトルにお茶が $\frac{1}{5}$ L 入っています。
あわせて何 L ありますか。

あわせると

色をぬってみよう

$\frac{2}{5}$ L　$\frac{1}{5}$ L

式　$\frac{2}{5} + \frac{1}{5} = \frac{3}{5}$

$\frac{1}{5}$ が（2＋1）と考えるといいね。

答え $\frac{3}{5}$ L

解答 ▸ 児童に実施させる前に，必ず指導される方が問題を解いてください。本書の解答は，あくまでも1つの例です。指導される方の作られた解答をもとに，本書の解答例を参考に児童の多様な考えに寄り添って○つけをお願いします。

P.60

分　数（11）　　　分数のたし算

月　日　名前

● 計算をしましょう。

① $\dfrac{2}{7} + \dfrac{4}{7} = \dfrac{6}{7}$

② $\dfrac{1}{4} + \dfrac{2}{4} = \dfrac{3}{4}$

③ $\dfrac{6}{10} + \dfrac{3}{10} = \dfrac{9}{10}$

④ $\dfrac{4}{8} + \dfrac{2}{8} = \dfrac{6}{8}$

⑤ $\dfrac{1}{3} + \dfrac{2}{3} = \dfrac{3}{3}$
　　　　　　　　$= 1$

⑥ $\dfrac{5}{9} + \dfrac{4}{9} = \dfrac{9}{9}$
　　　　　　　　$= 1$

分母と分子が同じ数の分数は1と同じだったね。

60

P.61

分　数（12）　　　分数のひき算

月　日　名前

● 牛にゅうが1L あります。
　$\dfrac{1}{4}$L 飲むと，のこりは何L ですか。

$1L = \dfrac{4}{4}$ L

色をぬってみよう　のむ　のこりは

式　$1 - \dfrac{1}{4} = \dfrac{4}{4} - \dfrac{1}{4}$

　　　　　　　$= \dfrac{3}{4}$

1は分数になおしてから計算しよう。

答え　$\dfrac{3}{4}$ L

61

P.62

分　数（13）　　　分数のひき算

月　日　名前

● 計算をしましょう。

① $\dfrac{5}{6} - \dfrac{1}{6} = \dfrac{4}{6}$

② $\dfrac{8}{9} - \dfrac{5}{9} = \dfrac{3}{9}$

③ $\dfrac{4}{5} - \dfrac{2}{5} = \dfrac{2}{5}$

④ $\dfrac{6}{8} - \dfrac{3}{8} = \dfrac{3}{8}$

⑤ $1 - \dfrac{2}{3} = \dfrac{3}{3} - \dfrac{2}{3}$
　　　　　　$= \dfrac{1}{3}$

⑥ $1 - \dfrac{2}{10} = \dfrac{10}{10} - \dfrac{2}{10}$
　　　　　　　$= \dfrac{8}{10}$

分母と分子が同じ数の分数は1と同じだったね。

62

P.63

2けたをかける かけ算の筆算（1）　　2けた×2けた＝3けた

月　日　名前

● 23×34を筆算でしましょう。

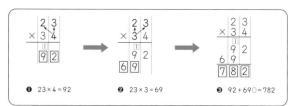

❶ 23×4＝92　　❷ 23×3＝69　　❸ 92＋690＝782

同じように筆算をしてみよう。

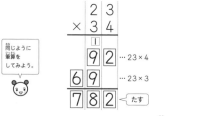

…23×4
…23×3
たす

63

116

P.64

2けたをかける
かけ算の筆算（2）　2けた×2けた＝3けた

● 筆算でしましょう。

① 54 × 15　　　② 17 × 48　　　③ 32 × 29

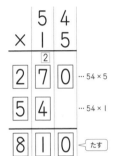

… 54×5
… 54×1
たす

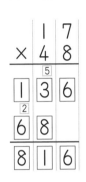

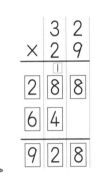

64

P.65

2けたをかける
かけ算の筆算（3）　2けた×2けた＝3けた

● 筆算でしましょう。

① 27 × 32　　② 43 × 16　　③ 22 × 42　　④ 60 × 14

```
   2 7        4 3         2 2         6 0
×  3 2      × 1 6       × 4 2       × 1 4
   5 4        2 5 8        4 4        2 4 0
 8 1          4 3        8 8          6 0
 8 6 4        6 8 8      9 2 4        8 4 0
```

65

P.66

2けたをかける
かけ算の筆算（4）　2けた×2けた＝4けた

● 38×52 を筆算でしましょう。

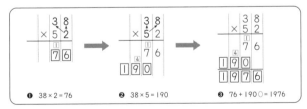

❶ 38×2＝76　　❷ 38×5＝190　　❸ 76＋190＝1976

練習しましょう。

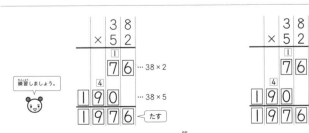

… 38×2
… 38×5
たす

66

P.67

2けたをかける
かけ算の筆算（5）　2けた×2けた＝4けた

● 筆算でしましょう。

① 46 × 27　　② 78 × 34　　③ 62 × 53

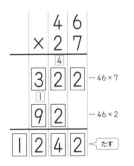

… 46×7
… 46×2
たす

```
   7 8        6 2
× 3 4       × 5 3
 3 1 2        1 8 6
 2 3 4      3 1 0
 2 6 5 2    3 2 8 6
```

67

解答

P.68

2けたをかける かけ算の筆算 (6) 2けた×2けた＝4けた

名前　月　日

● 筆算でしましょう。

① 57×34　② 72×49　③ 80×63　④ 25×93

①
```
    5 7
  × 3 4
  2 2 8
  1 7 1
  1 9 3 8
```

②
```
    7 2
  × 4 9
    6 4 8
  2 8 8
  3 5 2 8
```

③
```
    8 0
  × 6 3
  2 4 0
  4 8 0
  5 0 4 0
```

④
```
    2 5
  × 9 3
    7 5
  2 2 5
  2 3 2 5
```

68

P.69

2けたをかける かけ算の筆算 (7) 2けた×2けた 計算のくふう

名前　月　日

● 27×30 を筆算でしましょう。

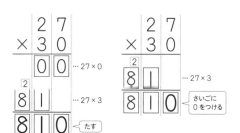

```
    2 7
  × 3 0
    0 0  …27×0
  8 1    …27×3
  8 1 0  ←たす
```

```
    2 7
  × 3 0
  8 1    …27×3
  8 1 0  ←さいごに0をつける
```

これまでと同じやり方だね。

27×0をしょうりゃくしても計算できるね。

■ 42×60を筆算でしましょう。

```
    4 2
  × 6 0
    0 0
  2 5 2
  2 5 2 0
```

（別解）
```
    4 2
  × 6 0
  2 5 2 0
```

69

P.70

2けたをかける かけ算の筆算 (8) 3けた×2けた

名前　月　日

● 347×26 を筆算でしましょう。

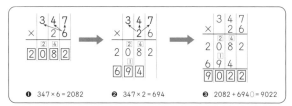

```
    3 4 7
  ×   2 6
  2 0 8 2
```
→
```
    3 4 7
  ×   2 6
  2 0 8 2
    6 9 4
```
→
```
    3 4 7
  ×   2 6
  2 0 8 2
    6 9 4
  9 0 2 2
```

❶ 347×6＝2082　❷ 347×2＝694　❸ 2082+694＝9022

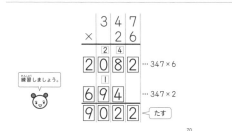
練習しましょう。

```
    3 4 7
  ×   2 6
  2 0 8 2  …347×6
    6 9 4  …347×2
  9 0 2 2  ←たす
```

```
    3 4 7
  ×   2 6
  2 0 8 2
    6 9 4
  9 0 2 2
```

70

P.71

2けたをかける かけ算の筆算 (9) 3けた×2けた

名前　月　日

● 筆算でしましょう。

① 576×43　② 492×68　③ 137×88

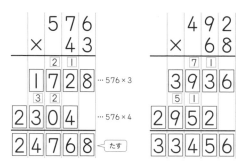

①
```
      5 7 6
    ×   4 3
    1 7 2 8  …576×3
  2 3 0 4    …576×4
  2 4 7 6 8  ←たす
```

②
```
      4 9 2
    ×   6 8
    3 9 3 6
  2 9 5 2
  3 3 4 5 6
```

③
```
      1 3 7
    ×   8 8
    1 0 9 6
  1 0 9 6
  1 2 0 5 6
```

71

P.72

2けたをかける
かけ算の筆算（10）　3けた×2けた

名前　月　日

● 308×29 を筆算でしましょう。

```
  3 0 8
×   2 9
─────────
2 7 7 2  …308×9
6 1 6    …308×2
─────────
8 9 3 2  たす
```

```
  3 0 8
×   2 9
─────────
2 7 7 2
6 1 6
─────────
8 9 3 2
```

答えをかく場所に気をつけよう。

■ 筆算でしましょう。

①
```
    5 0 6
×     3 7
─────────
  3 5 4 2
1 5 1 8
─────────
1 8 7 2 2
```

②
```
    7 0 5
×     4 2
─────────
  1 4 1 0
2 8 2 0
─────────
2 9 6 1 0
```

72

P.73

2けたをかける
かけ算の筆算（11）　3けた×2けた

名前　月　日

● 筆算でしましょう。

① 258×34　② 602×47　③ 716×73

①
```
    2 5 8
×     3 4
─────────
1 0 3 2
7 7 4
─────────
8 7 7 2
```

②
```
    6 0 2
×     4 7
─────────
4 2 1 4
2 4 0 8
─────────
2 8 2 9 4
```

③
```
    7 1 6
×     7 3
─────────
2 1 4 8
5 0 1 2
─────────
5 2 2 6 8
```

73

P.74

2けたをかける
かけ算の筆算（12）　3けた×2けた

名前　月　日

● 筆算でしましょう。

① 844×36　② 289×75　③ 406×58

①
```
    8 4 4
×     3 6
─────────
5 0 6 4
2 5 3 2
─────────
3 0 3 8 4
```

②
```
    2 8 9
×     7 5
─────────
1 4 4 5
2 0 2 3
─────────
2 1 6 7 5
```

③
```
    4 0 6
×     5 8
─────────
3 2 4 8
2 0 3 0
─────────
2 3 5 4 8
```

74

P.75

2けたをかける
かけ算の筆算（13）　文章題

名前　月　日

● 1本96円のえん筆を15本買います。
代金はいくらですか。

式
1本分の代金 × 本数 = 全部の代金
$96 \times 15 = 1440$

筆算でしましょう

```
    9 6
×   1 5
───────
  4 8 0
  9 6
───────
1 4 4 0
```

答え　**1440** 円

● 1ふくろにクリップが243こ入っています。
36ふくろでは，
クリップは全部で何こになりますか。

式
1ふくろ分のクリップの数 × ふくろの数 = 全部のクリップの数
$243 \times 36 = 8748$

筆算でしましょう

```
    2 4 3
×     3 6
─────────
1 4 5 8
7 2 9
─────────
8 7 4 8
```

答え　**8748** こ

75

119

P.76

三角形 (1)

月	日	名 前

● ⑦と①は，どんな三角形ですか。□にあてはまることばや数を書きましょう。

⑦

①

⑦と①の三角形の辺の長さをそれぞれはかり，同じ長さの辺に色をぬりましょう。

二等辺三角形 は，

2 つの辺の長さが等しい三角形です。

正三角形 は，

3 つの辺の長さが等しい三角形です。

76

P.77

三角形 (2)

月	日	名 前

● 下の⑦〜⑦の図で，二等辺三角形はどれですか。記号に○をつけましょう。

● 下の⑦〜⑦の図で，正三角形はどれですか。記号に○をつけましょう。

コンパスを使って辺の長さを調べよう。

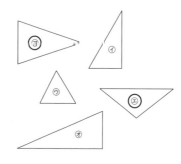

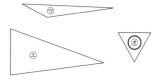

77

P.78

三角形 (3)

月	日	名 前

● 辺の長さが6cm，8cm，8cmの二等辺三角形をかきましょう。

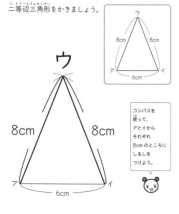

コンパスを使って，アとイからそれぞれ8cmのところにしるしをつけよう。

● 辺の長さが10cm，7cm，7cmの二等辺三角形をかきましょう。

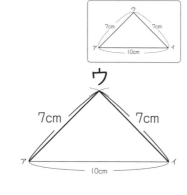

78

P.79

三角形 (4)

月	日	名 前

● 1辺の長さが7cmの正三角形をかきましょう。

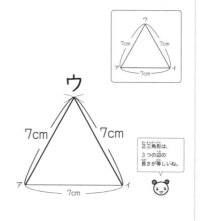

正三角形は，3つの辺の長さが等しいね。

● 1辺の長さが5cmの正三角形をかきましょう。

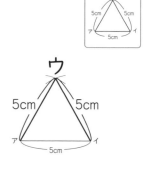

79

120

P.80

三角形（5）

● 円の半径を使って，れいのように二等辺三角形を2つかきましょう。

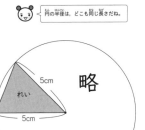

円の半径は，どこも同じ長さだね。

略

5cm
れい
5cm

● 半径4cmの円を使って，1辺の長さが4cmの正三角形をかきましょう。

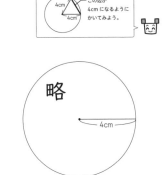

4cm
4cm
この辺が4cmになるようにかいてみよう。

略

4cm

P.81

三角形（6）

● 次の（　）にあてはまることばを下の□からえらんで書きましょう。

辺
辺
角
ちょう点

・1つの点から出ている2本の直線が作る形を **角** といいます。

・この1つの点を **ちょう点** といい，

2つの直線をそれぞれ **辺** といいます。

・角を作っている辺の開きぐあいを **角の大きさ** といいます。

ちょう点 ・ 角 ・ 辺 ・ 角の大きさ

● 下の角の大きさを調べましょう。

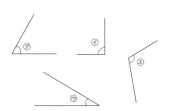
⑦　　⑦

⑤

① 直角になっている角は，どれですか。

イ

② 角が大きいじゅんに記号を書きましょう。

（ **エ** ）（ **イ** ）（ **ア** ）（ **ウ** ）
大きい　　　　　　　　　　小さい

P.82

三角形（7）

● 2つの三角形について答えましょう。

あ
い　　う
二等辺三角形

か
き　　く
正三角形

① ・二等辺三角形の **2** つの辺の長さは等しく，**2** つの角の大きさは同じです。

・正三角形の **3** つの辺の長さは等しく，**3** つの角の大きさは同じです。

② 二等辺三角形で，角いと角の大きさが等しいのは，どの角ですか。

角 **う**

③ 正三角形で，角かと角の大きさが等しいのは，どの角とどの角ですか。

角 **き** と角 **く**

P.83

表とグラフ（1）

● 3年1組ですきなスポーツを調べました。

サッカー	バドミントン	ドッジボール
野球	ドッジボール	サッカー
ドッジボール	野球	ドッジボール
野球	ドッジボール	サッカー
ドッジボール	サッカー	水泳

正の字を使って数を調べよう。

サッカー	正正
野球	正正
ドッジボール	正正
バドミントン	正正
水泳	正正

数字で表してみよう。↓

しゅるい	人数（人）
サッカー	4
野球	3
ドッジボール	6
その他	2

人数の少ないものは「その他」にまとめるよ。

P.84

表とグラフ（2）

	月	日	名前	

● すきなスポーツ調べの表をぼうグラフに表しました。

すきなスポーツ調べ

しゅるい	人数（人）
サッカー	4
野球	3
ドッジボール	6
その他	2

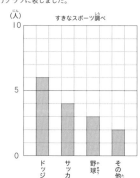

すきなスポーツ調べ

① グラフの1めもりは何人を表していますか。

1人

② いちばん人数が多いスポーツは何ですか。

ドッジボール

③ ドッジボールの人数は，野球の人数より何人多いですか。

3人

人数の多いじゅんに左からならべていくよ。「その他」はいちばんさいごになるよ。

84

P.85

表とグラフ（3）

	月	日	名前	

● 下のぼうグラフは，3年生のすきな給食をグラフに表したものです。

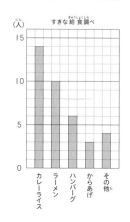

すきな給食調べ

① グラフの1めもりは何人を表していますか。

1人

② 3ばんめに人数が多いメニューは何ですか。

ハンバーグ

③ それぞれのメニューの人数は何人ですか。

カレーライス **14** 人

ラーメン **10** 人

ハンバーグ **6** 人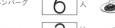

からあげ **3** 人

85

P.86

表とグラフ（4）

	月	日	名前	

● 下のぼうグラフは，前の1週間に学校でけがをした人数を学年ごとに表したものです。

けが調べ

① グラフの1めもりは何人を表していますか。

10までは5めもりだね。

2人

② けががいちばん多い学年は何年ですか。

2年

③ 次の学年の人数は何人ですか。

1年 **8** 人　2年 **16** 人

3年 **10** 人　4年 **12** 人

5年 **4** 人　6年 **6** 人

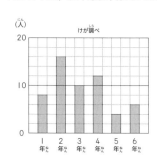
学年のように，じゅんじょがきまっているときは，多いじゅんにならべないこともあるよ。

86

P.87

表とグラフ（5）

	月	日	名前	

● 下の表は，3年生ですきな動物を調べたものです。ぼうグラフに表しましょう。

すきな動物調べ

しゅるい	人数（人）
ねこ	10
うさぎ	3
犬	12
パンダ	8
その他	4

（人）すきな動物調べ

（犬）（ねこ）（パンダ）（うさぎ）（その他）

グラフのかき方

❶ （ ）にしゅるいをかく。

❷ □にめもりの数とたんいを書く。

❸ 数に合わせてぼうをかく。

❹ ___ に表題を書く。

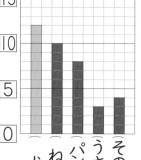

数の多いじゅんに書いていこう。「その他」は数が多くてもさいごに書くよ。

87

P.88

表とグラフ（6）

	名　前
月　　日	

● 下の表は，前の１週間に，まさきさんがサッカーの練習をした時間を調べたものです。

ぼうグラフに表しましょう。

サッカーの練習時間調べ

曜日	時間（分）
日	55
月	20
火	30
水	35
木	15
金	40
土	60

１めもりは５分だね。

サッカーの練習時間調べ

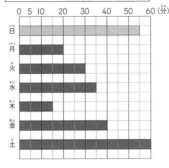

88

P.89

表とグラフ（7）

	名　前
月　　日	

● 右の表は，遠足で行きたい場所を３年生で調べたものです。

① 右のあの表の２組と３組の人数の合計を書きましょう。

② あの３つの表を，いの１つの表に整理しましょう。

③ ３年生全体で行きたい場所がいちばん多かったのはどこですか。

遊園地

あ

遠足で行きたい場所（1組）

場所	人数（人）
水族館	6
遊園地	10
動物園	5
その他	4
合計	25

遠足で行きたい場所（2組）

場所	人数（人）
水族館	4
遊園地	8
動物園	9
その他	6
合計	27

遠足で行きたい場所（3組）

場所	人数（人）
水族館	8
遊園地	8
動物園	7
その他	3
合計	26

い　　遠足で行きたい場所

場所＼組	1組	2組	3組	合計（人）
水族館	6	4	8	18
遊園地	10	8	8	26
動物園	5	9	7	21
その他	4	6	3	13
合計	25	27	26	78

← 6+4+8

6+10+5+4

たてにたしても，横にたしても78になったかな。

89

P.90

倍の計算（1）

	名　前
月　　日	

● 赤色のテープは３cmです。青色のテープは，赤色のテープの４倍の長さです。青色のテープは何cmですか。

① ４倍の長さに色をぬりましょう。

４倍は４つ分ということだね。

② 計算でもとめましょう。

赤の４倍が青
3 × 4 = □
(cm) (倍) (cm)

式　$3 × 4 = 12$

答え　12 cm

● 青色のテープは６cmです。白色のテープは，青色のテープの３倍の長さです。白色のテープは何cmですか。

青の３倍が白
6 × 3 = □
(cm) (倍) (cm)

式　$6 × 3 = 18$

答え　18 cm

90

P.91

倍の計算（2）

	名　前
月　　日	

● ペンの長さは10cmです。消しゴムの長さは2cmです。ペンの長さは，消しゴムの長さの何倍ですか。

① 10cmを2cmずつに分けてみましょう。

② 計算でもとめましょう。

消しゴムの□倍がペン
2 × □ = 10
(cm) (倍) (cm)

式　$10 ÷ 2 = 5$

答え　5 倍

● えんぴつの長さは18cmです。消しゴムの長さは3cmです。えんぴつの長さは，消しゴムの長さの何倍ですか。

消しゴムの□倍がえんぴつ
3 × □ = 18
(cm) (倍) (cm)

式　$18 ÷ 3 = 6$

答え　6 倍

91

P.92

倍の計算 (3)

名前　月　日

● キャップを使ってえんぴつの長さをはかりました。
えんぴつの長さは，キャップの長さの3倍で，
12cm でした。キャップは何 cm ですか。

① キャップの長さを図に表しましょう。

② 計算でもとめましょう。

キャップの 3倍が えんぴつ
□ × 3 ＝ 12
(cm) (倍) (cm)

式　$12 \div 3 = 4$

答え　4　cm

● のりを使ってつくえのたての長さを
はかりました。
つくえのたての長さは，のりの長さの
5倍で，40cm でした。
のりは何 cm ですか。

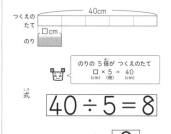

のりの 5倍が つくえのたて
□ × 5 ＝ 40
(cm) (倍) (cm)

式　$40 \div 5 = 8$

答え　8　cm

92

P.93

倍の計算 (4)

名前　月　日

● みかんが 28 こあります。
りんごが 4 こあります。
みかんの数は，りんごの数の何倍ですか。

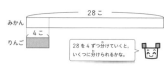
28こ
4こ
28を4ずつ分けていくと，いくつに分けられるかな。

かけ算の式で表すと　　4 × □ ＝ 28
(こ) (倍) (こ)

式　$28 \div 4 = 7$

答え　7　倍

● りささんは，貝を 8 こ拾いました。
お姉さんは，りささんの 6 倍の数の貝を拾いました。
お姉さんは貝を何こ拾いましたか。

□こ
お姉さん
8こ
りささん

かけ算の式で表すと　　8 × 6 ＝ □
(こ) (倍) (こ)

式　$8 \times 6 = 48$

答え　48　こ

93

P.94

倍の計算 (5)

名前　月　日

● クッキーとドーナツがあります。
クッキーの数は，ドーナツの数の 4 倍で，
32 こあります。ドーナツは何こありますか。

32こ
クッキー
□こ
ドーナツ

かけ算の式で表すと　　□ × 4 ＝ 32
(こ) (倍) (こ)

式　$32 \div 4 = 8$

答え　8　こ

● 水そうには，水が 30L 入ります。
バケツには，水が 6L 入ります。
水そうの水は，バケツの水の何倍ですか。

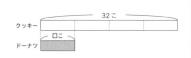
30L
水そう
6L
バケツ
30Lは，6Lのいくつ分かな。

かけ算の式で表すと　　6 × □ ＝ 30
(L) (倍) (L)

式　$30 \div 6 = 5$

答え　5　倍

94

P.95

□を使った式 (1)

名前　月　日

● バスに 15 人乗っています。
次のバスていで何人か乗ってきました。
バスの中は全部で 23 人になりました。

わからない数を□として式に表し，□をもとめよう。

❶ わからない数を□として，文章のとおりに
式に表す。

わからない数は，バスに乗ってきた人数だね。

式
はじめに乗っていた人数　乗ってきた人数　全部の人数
$(15) + (\square) = (23)$

❷ 式を図に表す。

はじめに 15 人
乗ってきた □ 人
全部で 23 人

❸ □をもとめる式を立てて
□をもとめる。

式
$(23) - (15) = (8)$

$\square = (8)$

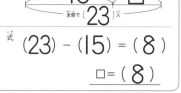
□は，ひき算でもとめられるね。

95

124

P.96

□を使った式（2）

	月	日	名　前

● わからない数を□としてたし算の式に表し，□にあてはまる数を計算でもとめましょう。

> はるとさんは，カードを 14 まい持っています。
> お兄さんから何まいかもらったので，
> カードは全部で 20 まいになりました。

❶ □を使ってたし算の式に表す
式　はじめのカードの数　もらった数　全部の数
（14）＋（□）＝（20）

❷ 図に表す

はじめに（14）まい　もらった（□）まい
全部で（20）まい

❸ □をもとめる
式
（20）－（14）＝（6）
　　　□＝（6）

> たまごが何こかありました。
> 9 こ買ってきたので，
> たまごは全部で 15 こになりました。

❶ □を使ってたし算の式に表す
式　はじめのたまごの数　買ってきた数　全部の数
（□）＋（9）＝（15）

❷ 図に表す

はじめに（□）こ　買ってきた（9）こ
全部で（15）こ

❸ □をもとめる
式
（15）－（9）＝（6）
　　　□＝（6）

96

P.97

□を使った式（3）

	月	日	名　前

● いちごが何こかありました。
ゆいさんはおやつに 7 こ食べました。
のこりは 8 こになりました。

❶ わからない数を□として，文章のとおりに式に表す。
> わからない数は，はじめにあったいちごの数だね。

式　はじめのいちごの数　食べた数　のこりの数
（□）－（7）＝（8）

❷ 式を図に表す。
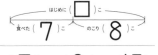
はじめに（□）こ
食べた（7）こ　のこり（8）こ

❸ □をもとめる式を立てて □をもとめる。
> □は，たし算でもとめられるね。

式
（7）＋（8）＝（15）
　　　□＝（15）

97

P.98

□を使った式（4）

	月	日	名　前

● わからない数を□としてひき算の式に表し，□にあてはまる数を計算でもとめましょう。

> 公園に子どもが何人かいました。
> 6 人帰ったので，
> のこりが 12 人になりました。

❶ □を使ってひき算の式に表す
式　はじめの人数　帰った人数　のこりの人数
（□）－（6）＝（12）

❷ 図に表す

はじめに（□）人
帰った（6）人　のこり（12）人

❸ □をもとめる
式
（6）＋（12）＝（18）
　　　□＝（18）

> しおりさんは色紙を 25 まい持っていました。
> 妹に何まいかあげたので，
> のこりが 16 まいになりました。

❶ □を使ってひき算の式に表す
式　はじめの色紙の数　あげた数　のこりの数
（25）－（□）＝（16）

❷ 図に表す

はじめに（25）まい
あげた（□）まい　のこり（16）まい

❸ □をもとめる
式
（25）－（16）＝（9）
　　　□＝（9）

98

P.99

□を使った式（5）

	月	日	名　前

● わからない数を□としてかけ算の式に表し，□にあてはまる数を計算でもとめましょう。

> 同じ本数ずつ入ったえんぴつの箱が
> 5 箱あります。
> えんぴつは全部で 15 本です。

❶ □を使ってかけ算の式に表す
式　1箱分のえんぴつの数　箱の数　全部の数
（□）×（5）＝（15）

❷ 図に表す

全部で 15 本
□本
0　　1　　　　　5箱

❸ □をもとめる
式
（15）÷（5）＝（3）
　　　□＝（3）

> 子どもが 5 人ずつ何台かの
> 車に乗ります。
> 子どもは全部で 30 人です。

❶ □を使ってかけ算の式に表す
式　1台分の人数　車の数　全部の人数
（5）×（□）＝（30）

❷ 図に表す

全部で 30 人
5人
0　　1　　　　　□台

❸ □をもとめる
式
（30）÷（5）＝（6）
　　　□＝（6）

99

P.100

□を使った式（6）

● わからない数を□としてわり算の式に表し，□にあてはまる数を計算でもとめましょう。

> みかんが20こあります。
> 同じ数ずつ分けると，
> 4人に分けることができました。

❶ □を使ってわり算の式に表す

式　全部の数　　1人分の数　　人数
$(20) ÷ (□) = (4)$

❷ 図に表す　　　全部で **20** こ
□こ
0　　1　　　　　　　　　4人

❸ □をもとめる
式 $(20) ÷ (4) = (5)$
$□ = (5)$

> クッキーが56こやけました。
> 同じ数ずつふくろにつめると，
> 7ふくろできました。

❶ □を使ってわり算の式に表す

式　全部の数　　1ふくろ分の数　　ふくろの数
$(56) ÷ (□) = (7)$

❷ 図に表す　　　全部で **56** こ
□こ
0　　1　　　　　　　　　7ふくろ

❸ □をもとめる
式 $(56) ÷ (7) = (8)$
$□ = (8)$

100

P.101

□を使った式（7）

● □にあてはまる数をもとめましょう。

□をもとめる式も書いてみよう。

① $18 + □ = 24$
式 $(24 - 18 = 6)$ $□ = (6)$

② $□ + 35 = 50$
式 $(50 - 35 = 15)$ $□ = (15)$

③ $□ - 9 = 16$
式 $(9 + 16 = 25)$ $□ = (25)$

④ $42 - □ = 30$
式 $(42 - 30 = 12)$ $□ = (12)$

● □にあてはまる数をもとめましょう。

① $□ × 7 = 42$　　$□ = (6)$

② $□ × 4 = 32$　　$□ = (8)$

③ $□ × 6 = 36$　　$□ = (6)$

④ $9 × □ = 63$　　$□ = (7)$

⑤ $7 × □ = 21$　　$□ = (3)$

101

喜楽研の支援教育シリーズ

ゆっくり ていねいに 学べる

算数教科書支援ワーク　3-②

2023 年 3 月 1 日　　第 1 刷発行

イ ラ ス ト ： 山口 亜耶 他
表紙イラスト： 鹿川 美佳
表紙デザイン： エガオデザイン
企 画・編 著： 原田 善造・あおい えむ・今井 はじめ・さくら りこ
　　　　　　　中田 こういち・なむら じゅん・ほしの ひかり・堀越 じゅん
　　　　　　　みやま りょう（他 4 名）
編 集 担 当： 桂　真紀

発　行　者： 岸本 なおこ
発　行　所： 喜楽研（わかる喜び学ぶ楽しさを創造する教育研究所：略称）
　　　　　　　〒604-0827　京都府京都市中京区高倉通二条下ル瓦町 543-1
　　　　　　　TEL　075-213-7701　FAX　075-213-7706
　　　　　　　HP　https://www.kirakuken.co.jp
印　　　刷： 創栄図書印刷株式会社

ISBN:978-4-86277-402-6

Printed in Japan

喜楽研 WEB サイト
書籍の最新情報（正誤表含む）は
喜楽研 WEB サイトをご覧下さい。

学校現場では，本書ワークシートをコピー・印刷して児童に配布できます。
学習する児童の実態にあわせて，拡大してお使い下さい。